走进青海
历史文化丛书

史前青海

青海省地方志编纂委员会办公室 编

许新国 著

青海人民出版社

图书在版编目（CIP）数据

史前青海 / 青海省地方志编纂委员会办公室编；许新国著. -- 西宁：青海人民出版社，2023.2
（走进青海历史文化丛书）
ISBN 978-7-225-06430-7

Ⅰ. ①史… Ⅱ. ①青… ②许… Ⅲ. ①原始社会—历史—青海 Ⅳ. ① K294.4

中国版本图书馆 CIP 数据核字（2022）第 207368 号

走进青海历史文化丛书
史前青海
青海省地方志编纂委员会办公室　编
许新国　著

出 版 人	樊原成
出版发行	青海人民出版社有限责任公司
	西宁市五四西路 71 号　邮政编码：810023　电话：（0971）6143426（总编室）
发行热线	（0971）6143516 / 6137730
网　　址	http://www.qhrmcbs.com
印　　刷	陕西龙山海天艺术印务有限公司
经　　销	新华书店
开　　本	787 mm × 1092 mm　1/32
印　　张	5.875
字　　数	90 千
版　　次	2023 年 2 月第 1 版　2023 年 2 月第 1 次印刷
书　　号	ISBN 978-7-225-06430-7
定　　价	26.00 元

版权所有　侵权必究

《走进青海历史文化丛书》
编纂委员会

主　　任：杨松义

委　　员：李泰年　云公保太　董得华　刘淑青
　　　　　马　渊　师玉洁

总 策 划：杨松义

执行策划：师玉洁　戴发旺

主　　编：杨松义

副 主 编：李泰年　云公保太

出版说明

文化是民族的精神命脉。坚定的道路自信、理论自信、制度自信，其本质是建立在悠久的文明传承基础上的文化自信。不忘历史才能开辟未来。习近平总书记指出，"优秀传统文化是一个国家、一个民族传承和发展的根本，如果丢掉了，就割断了精神命脉。我们要善于把弘扬优秀传统文化和发展现实文化有机统一起来"，"努力实现传统文化的创造性转化、创新性发展，使之与现实文化相融相通，共同服务以文化人的时代任务"。青海是中华民族和中华文明的重要发源地，青海的历史，见证了中国历史的久远；青海的文化，丰富了中华文化的内涵。建设富裕文明和谐美丽新青海，既需要一代又一代人的接续奋斗，更需要在汲取历史养分中找方向、找动力、找信心。

地方志纵览史实，横陈百科，明远详近，信今传后，既是中华优秀传统文化的重要组成部分，又是中华优秀传统文化世代相继的重要载体。从20世纪 80 年代至今，经过几代方志人的不懈努力，全省形成了卷帙浩繁的方志文化成果，构成了一座以地情为重要内容并不断丰富发展的地方志资源宝库，在保存历史、传承文明、繁荣文化、促进发展等方面发挥了重要作用。进入新时代，更好地发挥地方志存史育人资政的功能，必须紧紧抓住深刻阐释优秀传统文化、大力弘扬优秀传统文化这个全部工作的着眼点和发力点。

《走进青海历史文化丛书》是青海省地方志编纂委员会办公室组织编纂的地情文化丛书，以普及青海地方历史和优秀传统文化为宗旨，坚持编纂质量和社会效益第一，突出系统、真实、生动、简明的特点，具有较强的知识性、趣味性、可读性。期望本丛书的出版能进一步坚定全省各族人民的历史自信、文化自信，以史为鉴，继往开来，把可爱的青海建设得更加美好。本丛书是在 2004 年青海省地方志编纂委员会办公室策划编纂的《青海史话》的基础上，经过原编著者认真打磨、反复修改形成的。在编纂过程中，吸收了史学界、文化界最新的研究成果，在此一并致谢。

丛书编辑组

2022 年 10 月

目录

引言 　　　　　　　　　　　　　　　　　　一

旧石器时代 　　　　　　　　　　　　　　四
　　一、旧石器的发现 　　　　　　　　　　四
　　二、细石器的发现 　　　　　　　　　　一〇
　　三、青藏高原细石器与华北细石器的关系 　一三

新石器时代 　　　　　　　　　　　　　　一六
　　一、马家窑文化石岭下类型与马家窑类型 　一六
　　二、马家窑文化半山类型与马厂类型 　　　三〇
　　三、宗日文化 　　　　　　　　　　　　　五三

青铜器时代 　　　　　　　　　　　　　　六六
　　一、齐家文化 　　　　　　　　　　　　　六六
　　二、卡约文化 　　　　　　　　　　　　　九二
　　三、辛店文化 　　　　　　　　　　　　　一二一

四、诺木洪文化　　　　　　　　　　一四〇

结束语　　　　　　　　　　　　　　　一五四
附录　　　　　　　　　　　　　　　　一六五
主要参考文献　　　　　　　　　　　　一六八
后记　　　　　　　　　　　　　　　　一七五

引言

青海省位于我国的西北部，面积72.12万平方公里，仅次于新疆、西藏、内蒙古，是我国第四大省。因境内有驰名中外的我国第一大咸水湖——青海湖而得名。青海省幅员辽阔，山川壮丽，物产丰饶，地上地下都保存有极为丰富的古代文化遗存。

自古以来，青海是少数民族的聚居之地，除汉族外，还有藏、回、土、撒拉、蒙古等少数民族，各族人民长期劳动、生息在这块辽阔美丽的土地上。在历史上，各族人民不仅共同创造了丰富的物质财富，而且还创造了绚丽多彩的物质文化。

秦汉以前，青海被称作"羌戎之地"。公元前121年，汉武帝在湟水流域设置行政机构，青海才正式进入了有文字记载的历史。因此，我们必须依靠考古学与人类学等提供的实物资料进行研究，还原这些民族的古代历史和文明。对青海地区的考古资料进行专题研究，对于探索青海古代文明的产生、发展乃至促进我国古史研究都具有重要的意义。

本书记述的范围以青海地区为主。鉴于青海古文化的内涵在许多方面与甘肃存在着必然的联系，虽然二者在某些方面存在着地域差异与时间早晚关系，但其共同性是很明显的，因此，在叙述时必须适当地兼而论之。

关于青海地区史前文化的田野考古，肇始于瑞典学者安特生（J·G, Andersson）。1923—1924年，当时被中国北洋政府聘为农商部矿政顾问的安特生在甘肃、青海地区进行地质考察时，发现了多处史前文化遗址。经他研究，在1925年出版的《甘肃考古记》中，把甘肃（当时的青海隶属于甘肃省，1929年才正式成立青海省）古文化分为齐家、仰韶、马厂、辛店、寺洼和沙井六期，揭开了甘肃、青海地区新石器时代至青铜器时代考古的序幕。

20世纪40年代，裴文中、夏鼐等学者在甘青地区做了不少考古调查、发掘与研究工作，他们的研究成果，为后人进一步开展该地区的考古研究奠定了良好的基础。

中华人民共和国成立以后，青海的文物考古事业取得了巨大的发展，在田野考古发现和学术研究方面取得了令人瞩目的成就，对中国考古事业的发展作出了重要贡献。

20世纪50年代，配合兰新铁路和黄河水利综合建设工程，发现了一批史前文化的遗迹和遗物。同时，对青海都兰诺木洪遗址开展了发掘。20世纪60年代，青海的考古人员对大通上孙家寨、乐都柳湾等遗址进行了发掘。

20世纪70年代后半段至今，青海的考古工作有了长足的发展，开展了大规模的发掘，考古研究也随之展开。经过发掘的重要遗址有：青海民和核桃庄、阳山，循化阿哈特拉和苏只，湟中潘家梁，湟源中庄，贵德山坪台，同德宗日，民和喇家，西宁沈那等。发掘成果十分显著，为学术界所瞩目。现已出版的史前文化遗址发掘的报告和论著有《青海柳湾》《民和阳山》《民和核桃庄》《宗日遗址文物精粹及论述选集》《青海彩陶志》《青海彩陶纹饰》，论文和简报百余篇。考古研究工作逐渐趋向成熟。

本书依据田野发掘的大量实物资料和研究成果对史前青海的历史进行了系统的总结。内容包括旧石器、新石器时代的马家窑文化，铜石并用时期的齐家文化，青铜时代的卡约文化、辛店文化、诺木洪文化等。

旧石器
时代

青藏高原一直是中国旧石器和细石器考古所关注和颇有争议的地区之一。自20世纪80年代以后,随着这个地区文物普查和考古工作的深入进行,越来越多的旧石器和细石器地点被发现。截至1994年,青藏高原发现的旧石器地点有10余处,细石器地点有80余处。这些丰富的考古材料足使我们对青藏高原的旧石器和细石器作一系统和全面的分析。为了便于集中讨论,我们的侧重点主要放在旧石器的断代和细石器工艺传统、类型和渊源方面。

一、旧石器的发现

青藏高原的旧石器最早在20世纪30年代由美国学者休斯顿·埃德加(J·Huston Edgar)发现于

四川甘孜藏族自治州。50年代中期，在青海可可西里地区发现两件砾石砍砸器和一件刮削器。60年代和70年代，青藏高原旧石器考古工作做得不多，大多旧石器地点都是在80年代以后发现的。到目前为止，青藏高原发现的被认为是旧石器时代的地点有：西藏定日县的苏热、吉隆县仲嘎乡的哈东淌和却得淌、申扎县的珠洛勒、班戈县的各听、日土县的扎布、多格则，青海境内可可西里的三岔口和乌拉湖以及柴达木盆地的小柴旦湖畔（图一）。

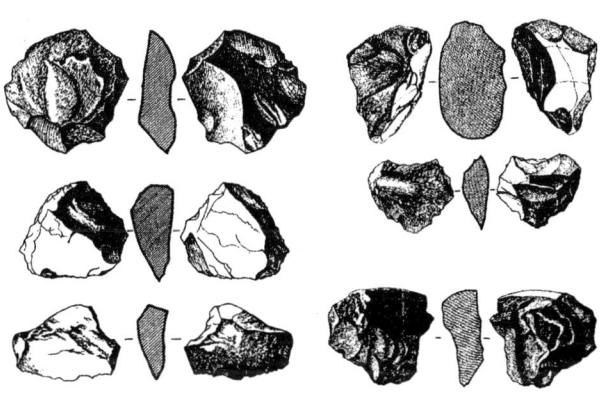

图一　青海小柴达木湖石器（石核）

青藏高原发现的旧石器形均较小，一般在2～6厘米之问，超过10厘米者很少。其石材原料以角岩（珠洛勒）、燧石（多格则）、石英岩（乌拉湖、小柴旦、苏热）、硅质岩（各听）为主，此外还有玛瑙、辉岩、碧玉等。打片以锤击法为主，偶见砸击法。苏热地区发现的石器中，研究者认为有些可能使用了软锤技术。二次加工以劈裂面向背面的单向加工为主，次为反向和错向加工。错向加工以两个邻边的交互打击为特色。青藏高原的旧石器以石片石器为绝对优势，其中又以刮削器为大宗。尤其是各听、珠洛勒等地，除刮削器外几乎不见任何其他器形的石器。刮削器的种类有边刮器（包括凹、凸、复刃等）、端刮器以及矩形、盘状、条形等刮削器（图二）。在藏东（包括青海地区）、藏南和阿里地区，除刮削器外，还发现一定数量的尖状器、砍砸器以及雕刻器等。总的来看，青藏高原的旧石器器形较为单一，其文化内涵及渊源关系也比较明确。大多学者都倾向于把它们同"周口店第一地点——峙峪"石器系统联系在一起。

由于这些石制品均为采集品，所以有关青藏高原旧石器的问题讨论便集中在断代方面。对于青藏高原旧石器的断代，学者们一般采用两种方法：一种是与中国华北旧石器进行类型学比较；另一种是通过石制品出土地的地质、地貌分析来进行。不过这两种均为间接断代法，所以其中问题很多。

我们先来看看通过类型学比较来进行的断代方法。这种方法在各个旧石器地点的时代分析中都加

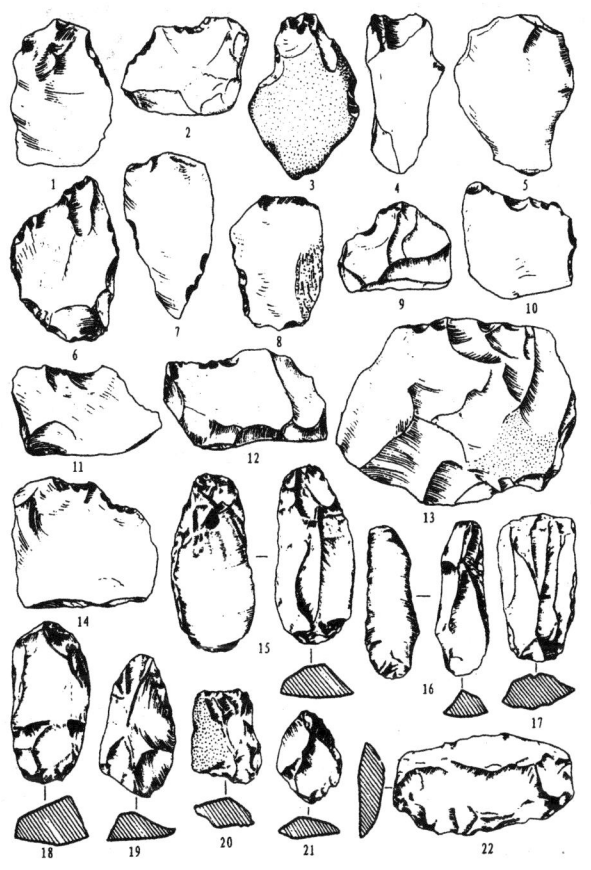

图二 各听和珠洛勒地点的刮削器

1、5、7、8.石片 2、6、10~12、14.边刮器 3.端刮器
4、9.凹缺刮器 13.石核 15~18、20.圆头刮器 19、21.尖状器
22.双边刮器（1~14.各听出土 15~22.珠洛勒出土）

以运用。例如，将苏热地区的旧石器与云南宜良的旧石器和宁夏水洞沟的旧石器以及巴基斯坦索安文化晚期的旧石器加以比较，认为其中存在着一定程度的相似性，故将其定为旧石器时代中晚期；认为珠洛勒椭圆形的长刮器、长条形圆头刮器和尖状器等，均与宁夏水洞沟遗址出土的遗物相近似或基本一致，故它们相当于旧石器晚期；认为楔形石核起源于华北，其最早的层位不超过3万年，故出土楔形石核的多格则和扎布两个地点的年代在这以后，或可能是距今1万年左右。

事实上通过与华北旧石器类型比较来进行的断代方法不宜用于青藏高原，特别是青藏高原的腹地，因为青藏高原是一个比较特殊的地理单元，其考古文化类型在时代上要相对晚得多。我们从旧石器时代以后有确定年代的考古文化中，便不难发现这一特点。青海黄河上游拉乙亥发现的细石器遗存，其器形和工艺技术"与华北旧石器晚期的文化遗物有很多共同之处"。但该遗址的碳-14年代却仅在距今6745 ± 85年，只相当于中原地区的新石器时代。

由此可见，运用与华北地区石器系统进行比较的断代方法，是很不可靠的，尤其是孤立地使用这一方法进行断代更不可靠。多格则和扎布石器地点的年代根据类型学被定在距今1万年左右。同样从类型学角度出发，这两个地点的石器与青海拉乙亥的石器亦很相似，再参之青藏高原越往腹地其考古文化类型的时代越晚的特征，那么扎布和多格则石器地点的时代也完全可以定在距今7000~3000年这段青藏高原的温暖期内。事实上，有些学者确实认为青藏高原的细石器均为新石器时代的遗存。青藏高原发现的旧石器，无论从石料选择、器物的形制和大小，以及加工技术等方面，都呈现出明显的细石器特征。由此来看，青藏高原的旧石器从类型学上也许可以划入旧石器时代晚期的范围，但其绝对年代是否在1万年以前，尚需今后进一步的科学测定。

对青藏高原旧石器进行断代的第二种方法是根据石器地点的地层、地貌及其自然环境的分析来进行。这种方法看上去其科学性似乎较强一些，但用此法断代，其时间浮动范围动辄就是几千年，甚至上万年。例如，小柴达木湖畔是青藏高原唯一能确定其原生地层的旧石器地点。石器发现于出露厚度在6米以上的古湖滨砂砾层中。研究者认为，这样厚的砂砾层应该代表了小柴达木湖在最近地质时期内一次较大的淡化期，即在距今23800年前的成盐期之前。故小柴达木湖畔石器地点的时代被定在距今3万年前。同样，西藏吉隆县罗垄沟的石器亦发现于古湖滨的砂砾层中。研究者认为这些石器也应为湖泊成盐期之前的淡化阶段，但是其时代却被定在全新世的湖水淡化期，即距今7500～3000年这段时间内。藏北色林湖畔的各听地点的石器采集于高出现代湖面约40～50米的古湖滨砂砾层，研究者又认为这里的湖堤，如果不是晚冰期中某个气候比较温暖、湿润的间冰期，就是冰期初气候最宜期（距今约7500～5000年前）高湖面的遗迹，故其时代可能早到旧石器时代晚期，也可能晚到新石器时代。

由此看来，青藏高原的旧石器地点无论是运用类型学或对地质地貌的分析所进行的断代，其准确性和可靠性都是很有限的，只能作为参考，而不能作为论据和结论。

二、细石器的发现

青藏高原自1956年在黑河（今西藏那曲）发现一件扁体楔形石核以来，截至1994年，共发现细石器地点80余处，其中西藏地区70余处，青海地区10余处。

与细小石器共存的细石器遗存主要分布在藏北

地区、雅鲁藏布江中上游地区，此外还有青海地区的拉乙亥、达玉台等遗址。

藏北地区的细小石器以石片石器为主，一般采用锤击法打片。第二次修理不普遍，多由劈裂面向背面加工，偶见交互修理。其器形主要为刮削器，在拉乙亥和达玉台遗址中出土少量的砍砸器和雕刻器，尖状器很少见。藏北地区的申扎、双湖（图三）和青海贵南县拉乙亥地点的细石核都是以圆体石核为主，

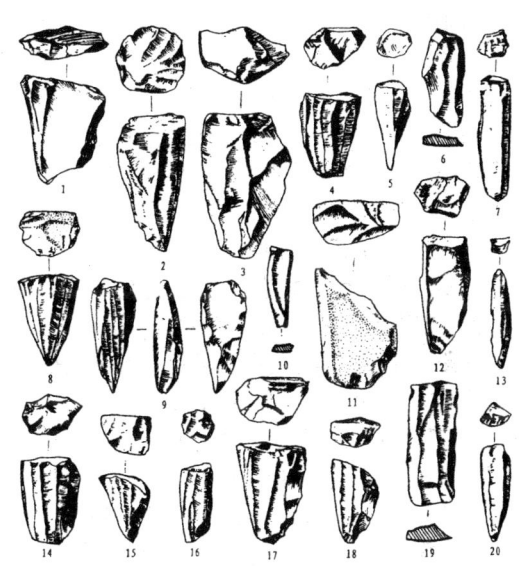

图三　申扎、双湖的细石核和细石叶

1、3、11、17、18.楔形石核　2、5、7~9、12、13、15、20.锥状石核
4、14、16.柱状石核　6、10、19.石叶

次为扁体石核,青海达玉台遗址中则扁体石核多于圆体石核。石核类型主要有楔形、扁块形、圆锥形、半锥形、柱形、半柱形等,石叶基本上用间接压剥法产生,一般为长条形,少见尖尾石叶。在藏北细石器地点中,青海拉乙亥和达玉台的细石器(图四)在器形上比申扎、双湖地区的细石器显得原始一些。

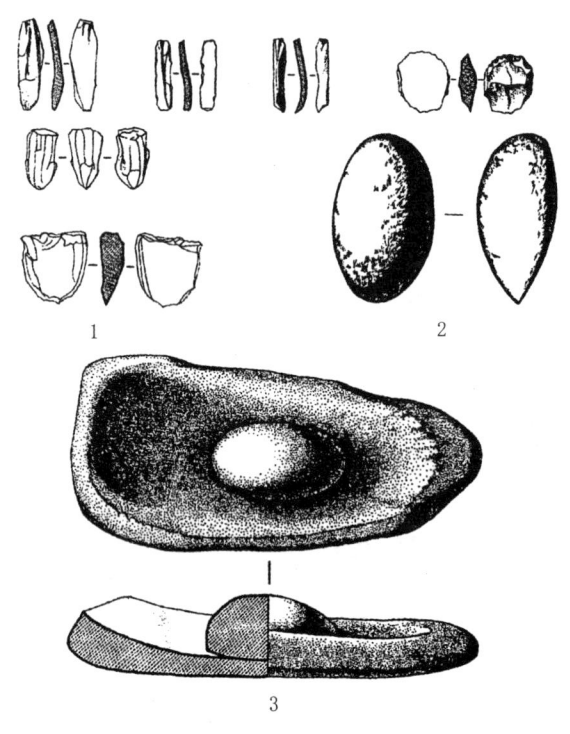

图四 青海拉乙亥遗址石器

1.石页 2.石核 3.石磨盘

尤其是达玉台地点,扁体石核居多,柱状和圆锥状(即铅笔头)石核不如申扎、双湖地区的同类器物发达和进步。总的来看,藏北(包括青海地区)细石器的工艺技术和器形与华北非几何形细石器传统是一脉相承的。尽管近年来由于西藏地区细石器资料的不断增多,"青藏高原细石器华北来源"说受到不同程度的怀疑和反驳,但就藏北(包括青海)地区而言,华北来源说仍是站得住脚的。拉乙亥和达玉台两处细石器遗址在传播学上有着重大意义,它将高原腹地申扎、双湖的细石器与华北细石器联系在一起,从时、空两个方面清楚地表明二者之间的传播关系。如是,我们对申扎、双湖地区的细石器便可有大致的断代,即至少应晚于拉乙亥的时代,处于距今 6745～3000 年之间。

三、青藏高原细石器与华北细石器的关系

仲巴城北、罗垄沟及雅鲁藏布江之中、上游的其他细石器地点是 20 世纪 90 年代初发现的。这些地点的发现大大丰富了青藏高原细石器的内涵,使其面貌变得复杂起来。曾经在学术界占主导地位的青藏细

石器源自华北说开始受到怀疑甚至否定。有些学者认为西藏地区不仅出现了代表细石器早期特征的"船底形石核",而且有着自己的发展序列,从而提出"西藏的细石器工业有可能产生于本土的石片石器的传统基础之上,'本地形成的可能性'无疑是存在的"。然而这种说法显然忽略了西藏南北两地细石器之间的差别并非代表着不同的年代关系,而是代表着不同的工艺传统及其渊源。在西藏发现早期的"船底形"石核并不能证明西藏细石器"本土形成说"或否定"华北来源说",相反这恰恰证明这种传播的时间开始的更早和在形态上更完整。华北细石器和藏北细石器在工艺传统上和器形上几乎完全一致,前者在时代上比后者要早得多;加之青海拉乙亥和达玉台细石器地点在时间上、器形学上以及在传播路线上都起到中介作用,所以藏北细石器与华北细石器之间的渊源关系是无法否认的。"本土论"在理论上首先遇到的是其石器起源的问题。前面我们谈到,尽管青藏高原某些石器在形态上具有旧石器晚期的特征,但其年代却比华北地区同类器物要晚得多,是否能把它们归在旧石器时代内,还很值得考虑。西藏早期的"石片石器工业传统"既不具自身特征,且时代较晚,故不能被认为是后来细石器之源。

从上面的分析来看，我们可以得出这样一个结论：藏北（包括高原东部的青海）地区的细石器与华北细石器之间有着直接的渊源关系。

新石器时代

一、马家窑文化石岭下类型与马家窑类型

马家窑文化发现于1923年,瑞典学者安特生(J.G.Andersson)在他出版的《甘肃考古记》中将其列入甘肃古文化六期中的"仰韶期"。

马家窑遗址虽发现较早,但正式命名为马家窑文化,却是1949年夏鼐在《临洮寺洼山发掘记》一文中首次提出的:"马家窑文化便是安特生所谓'甘肃仰韶文化',但是它与河南的仰韶文化颇多不同,所以我以为不若将临洮的马家窑遗址作为代表,另定一名称。"首次把甘肃仰韶文化命名为马家窑文化。

1961年,在中国科学院考古研究所编著的《新中国的考古收获》一书中正式把甘肃仰韶文化改为马家窑文化。此后,这一名称为文物考古界所普遍采用。

发现与发掘

从 20 世纪 70 年代至今，甘青地区的田野考古工作进入了一个新的发展阶段，开始有计划有目的地开展考古调查与发掘工作。

1973—1980 年，发掘青海大通县上孙家寨墓地，共发现史前文化不同时期墓葬 1112 座，其中马家窑文化墓葬 21 座，并出土了举世闻名的舞蹈纹彩陶盆。1978 年，发掘青海民和核桃庄墓地，发现马家窑类型墓葬一座，随葬品丰富。

1980 年，发掘青海民和阳洼坡遗址；2003 年，发掘化隆县群科镇安达其哈遗址。这是在青海境内发现的石岭下类型遗址。通过遗址的发掘，大大地扩展了马家窑文化东、西部的分布范围。

1981—1990 年，发掘天水师赵村和西山坪两处遗址。马家窑早、中期文化遗存是这两处遗址的主要文化内涵，发现房址、窖穴、陶窑、墓葬和石、陶器等遗物 2000 余件。1991—1993 年，发掘武山傅家门遗址，它是一处以石岭下类型为主的聚落遗址，发现房址、墓葬和石、陶器等遗物 1000 多件。1994—1996 年，发掘青海同德县宗日遗址，发现墓葬 341 座和各种随葬品 23000 余件，出土了一大批特色鲜明的文化遗物。2004年,为配合公伯峡水电站基建工程,对淹没区范围内的拉毛遗址、亚曲滩遗址、苏龙柱遗址、河东台遗址进行了发掘。通过这些遗址的发掘,积累了大量的实物资料,据此可探讨马家窑文化石岭下类型和马家窑类型的诸多问题。

石岭下类型与马家窑类型文化,分布范围比较广泛,在甘、宁、青境内的黄河及其支流泾河、渭河、洮河、湟水与西汉水、白龙江、岷江支流杂谷脑河等流域都有疏密不同的分布。若以现在行政区划定位,东起甘肃平凉地区泾川县,西至青海同德县,北入宁夏中卫市,南抵四川汶川县。早期即石岭下类型,主要分布于渭河上游的天水、武山一带;中期即马家窑类型,以兰州、永靖和青海东部境内黄河两岸为分布中心。

50年来,青海地区经过发掘的遗址有民和阳洼坡、核桃庄,大通上孙家寨,乐都脑庄,贵德尕马台,同德宗日,尖扎拉毛、桥西、河东台,化隆亚曲滩、苏龙柱等遗址。

类型、分期与年代

马家窑早、中期文化可分为两个类型,即早期的石岭下类型和中期的马家窑类型。石岭下类型主要分布在甘肃东部地区，天水、武山一带为其中心区。也有一部分分布在河湟地区。以兰州、永靖境内的黄河沿岸为其中心区。两类型的文化面貌，既有较多的共性，又存在明显的特性。在生产工具和生活用具上很多方面都是相同或相似的，但某些文化因素又是不同的。石岭下类型一方面保留庙底沟类型的特点，如圆点、三角、涡纹彩陶彩绘均脱胎于庙底沟类型；但另一方面它又孕育了马家窑类型的文化因素，旋涡纹、变形鸟纹均启马家窑类型同类纹饰的先河。马家窑类型是马家窑文化最有代表性而又最常见的文化遗存，其文化面貌比较单纯。

根据武山石岭下、天水师赵村和西山坪等多处遗址发掘的层位关系，石岭下类型晚于庙底沟类型而早于马家窑类型，马家窑类型又早于半山类型。它们的年代顺序为庙底沟——石岭下——马家窑——半山类型。石岭下类型文化层的木炭标本经碳-14年代测定，其绝对年代为公元前3980—前3042年。马家窑类型文化层的木炭标本经碳-14年代测定，其绝对年代为公元前3300年—公元前2050年。

关于马家窑文化早、中期的分期，学术界尚未有专题研究，但在一些论文中涉及分期时存在不同的意见。较多学者把石岭下类型定为马家窑文化早期，马家窑类型定为马家窑文化中期。

经济形态与生活习俗

当时居民多以氏族或部落为单位聚居在一起形成聚落。这些遗址包括房屋、窖穴、陶窑和墓葬等。有的墓葬与住地分开，也有的仅见单独的墓地，如民和核桃庄和大通上孙家寨发现有墓葬，而不见住地房址。在其他地区较完整或基本可复原的房址已发现30余座。按其平面形制可分为圆形、方形、长方形、吕字形等多种，多为半地穴式建筑，面积为10～50平方米。林家遗址发现的房址较完整，吕字形房子结构较新颖。在主室的门外设一方形门斗，中间有过道，平面呈吕字形。如保存最好的F19（图五），主室作正方形，长、宽各为4.6米，门斗长、宽各为1.5米。主室内有圆形灶炕。地面及四壁皆以黄土泥和灰褐色草拌泥分层铺抹而成，平整坚硬。在房址周围还建有不少储藏物品的窖穴。窖穴有锅形、袋形和长方形等形制。

居民以原始农业为主，兼营饲养业。种植有稷、粟、大麻等作物，以稷最为常见。在种植农作物的

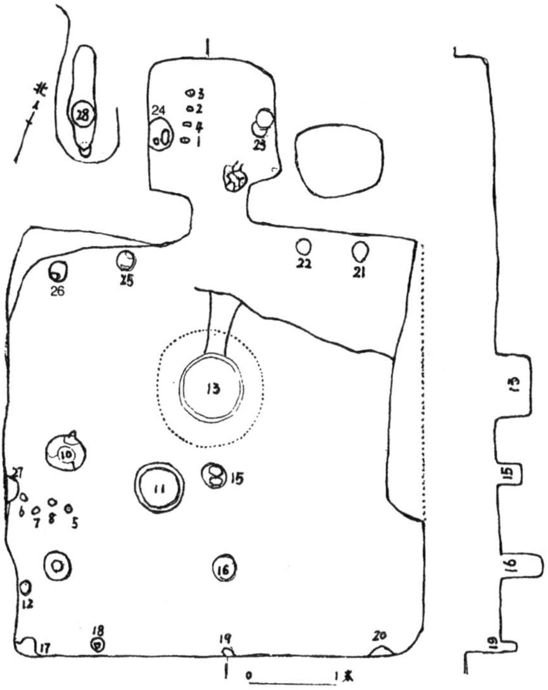

图五 甘肃东乡林家第 19 号房址平、剖面图

1、3、4. 石刀　2、6、7. 石器　5. 石纺轮　8. 磨石　9、28. 夹砂粗陶罐
10. 带流彩陶盆　11. 彩陶壶　12. 夹砂陶片　13、14. 灶坑
15、16、18、19、21~26. 柱洞　17、20、27. 柱础

同时，还饲养家畜，种属有狗、猪、牛、羊、鸡等。狩猎依然存在，以鹿、野猪、羚羊、田鼠、河狸等为狩猎对象，所猎得的鹿种类有马鹿、麋鹿等。

生产工具中，用石头磨制的刀、锛、斧是当时的主要工具,还有凿、研磨器、磨棒、臼、敲砸器、镞、弹丸、纺轮、锥、针和石刃骨刀、石刃骨匕首等复合工具。

制陶业在手工业中最为发达。马家窑文化以精美的彩陶著称于世,它不仅作为生活的实用品,也是供人们欣赏的艺术品。在师赵村遗址发现烧制陶器的陶窑,保存较好。系横穴式陶窑,由火膛、窑室、窑箅和火道组成。窑室平面呈椭圆形,直径1.2~1.4米。窑室可容纳多件陶容器,似有一定的生产规模。陶器制法以泥条筑成法为主,多经慢轮修整,制造的陶器皿对称规整。器表多进行抹、压、磨、刮等修整工序。陶器多呈橙黄色或砖红色,陶质有泥质陶和夹砂陶。泥质陶器上多施彩绘,彩绘颜色有红、黑、白三种,以黑色为主。彩绘的部位除在陶器的口、颈、肩和腹上部外,有的还在器内壁施内彩,有的全身遍饰彩纹。彩纹都在陶器入窑前画上,花纹附着牢固,不褪不脱,而且彩色浓郁,漆黑发亮。纹样有以旋涡纹为主的几何纹和蛙、鸟、蜥蜴纹以及舞蹈纹。夹砂陶器纹饰较简单,以斜行交错绳纹为主,次为附加堆纹等。器类有盆、钵、勺、瓶、壶、罐、甑、缸、瓮、带嘴锅等多种。部分盆、壶、带嘴锅的上部为泥质陶,表面饰有彩纹,下部为夹砂陶,表饰绳纹。这种集两种陶质和集彩纹、绳纹于一身的做法，是马家窑类型的一个突出特点。

纺织业已有一定规模。石、陶纺轮和骨针等纺织生产工具在遗址中普遍发现，如林家遗址一处即发现石、陶纺轮共58件，骨针共236件。骨针最长者达13.5厘米，短者为2.4厘米，制作均精细。林家遗址出土了大麻籽，推测当时已有大麻的种植，它的纤维可用来纺织麻布，制成遮体的衣服。

马家窑文化的彩陶器图案优美，线条流畅，格局均衡对称，而且还有一批造型新颖、构思巧妙的陶制艺术品，为其他史前文化彩陶所少见。

上孙家寨和宗日遗址出土的舞蹈纹彩陶盆，是彩陶艺术品。前者在盆内画着3组5人连臂的舞者，盆口径18.5厘米，高8.5厘米。后者也在盆内绘着两组分别为11人和13人连臂的舞者，盆口径26.4厘米，高12.3厘米（图六，1、3）。所画人物神态生动，富有生活情趣。舞蹈动作似按一定旋律和节奏起止，极富韵律，有强烈的节奏感，形成优美和谐的舞姿，表明当时舞蹈已达一定的水平。宗日遗址还出土有彩陶盆、彩陶碗、双耳彩陶壶等。彩陶盆（M192∶2）器表彩绘三线绞结纹，内壁绘四组两人抬物纹，每组间隔以横线和竖线纹，人物弯腰弓背，将抬重物的神态表现得淋漓尽致。盆口径24.5厘米,高11.3厘米(见图六,2)。

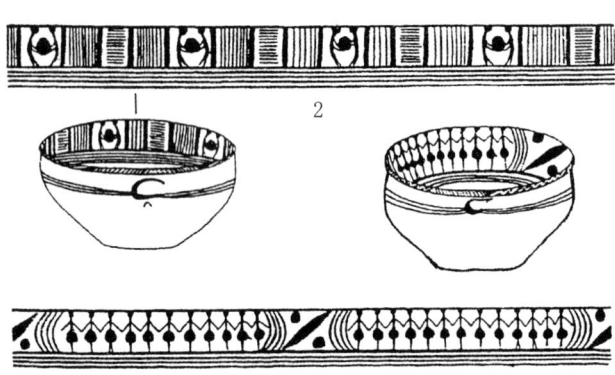

图六 马家窑文化舞蹈纹、抬物纹彩陶盆

1、3. 舞蹈纹彩陶盆　2. 抬物纹彩陶盆
(1. 青海大通上孙家寨出土　2、3. 青海同德宗日出土)

舞蹈纹彩陶盆

新石器时代马家窑类型
海南州同德县宗日遗址出土

双人抬物纹彩陶盆

新石器时代马家窑类型
海南州同德县宗日遗址出土

圆点网纹彩陶瓶

新石器时代马家窑类型
海东市民和县核桃庄拱北台遗址出土

十字纹四系敛口彩陶瓮

新石器时代马家窑类型
海南州同德县宗日遗址出土

圆心圆圈纹彩陶盆

新石器时代马家窑类型
海东市民和县核桃庄拱北台遗址出土

装饰品丰富多彩。出土的各种装饰品分别由石、骨、陶、蚌等不同质料制成。种类有笄、环、镯、指环、珠、坠形饰、臂饰、钻孔石饰、绿松石饰、穿孔牙饰和蚌壳等。

马家窑类型的墓葬一般较规整，大多为竖穴木框墓。近似方型，深1.5米，长宽一般在3米以上。内用木板搭成方框，2米左右见方，然后在框外回填踏实，形成熟土二层台，整个平面呈"回"字形。待放置尸体后，再用圆木、树枝和杂草覆盖，填土。葬式多为仰身直肢葬。大通上孙家寨马家窑类型墓葬较为奇特，多为单人葬，也有男女合葬，但都没有完整骨架，这是一种二次葬的习俗。在贵南县尕马台遗址中,还发现了18座瓮棺葬,全系婴儿或幼儿。

社会发展阶段与文化渊源

对于马家窑文化的社会发展阶段的推测,说法不一。有人认为马家窑文化仅指马家窑类型,它可分为甘肃东部早期和中部晚期两个发展阶段,而晚期已进入了铜石并用时代,有人则认为马家窑文化已是父系氏族社会。据诸多发掘资料分析,马家窑早、中期的生产水平仍处于"刀耕火种"的原始阶段,从葬制及随葬品上尚未反映出贫富的差别,男女仍处于平等的地位。上孙家寨268号墓、369号墓分别为成年男性、女性墓,分别以一件可拼合的彩陶壶为随葬品,男性墓中埋壶的上部,女性墓中埋壶的下部。这种异穴墓埋着同一件器物的现象,固然其中可能蕴涵着某种思想意识,但从另一个角度看,可能反映当时两性之间的社会地位是相同的。因此推测,马家窑早、中期的社会发展阶段仍处在母系氏族时期。

对于马家窑文化与其他考古学文化的关系,目前学术界未取得完全共识。对于马家窑文化的渊源问题,一般认为马家窑文化与仰韶文化的关系密切,前者是从后者发展而来。近年来,天水市师赵村和西山坪遗址的发掘,为这种论点提供了更多的根据,其中包括地层关系的根据,马家窑文化石岭下类型的下层为仰韶中期文化,上层为马家窑类型,上下层紧密相接,一脉相承。

在器物方面,仰韶中期文化与石岭下类型存在着连续发展关系。在陶容器中最常见的卷沿曲腹彩陶盆、曲腹碗和敛口钵等,无论在陶质、制法、色泽上,或是器型上都是相同或相似的。彩陶皆以黑彩为主,彩绘花纹均是以圆点、弧边三角形和各种不同形式的弧线组成的二方连续图案。象征性的动物花纹有鸟纹和变体鸟纹,仅在细部上有些变化。庙底沟类型的鸟纹较为写实,给人以完整鸟的形象,而石岭下类型则变成鸟的局部形象,有的仅画鸟的头颈部的形态。石岭下类型新出现的喇叭口尖底瓶、细颈瓶、小口壶、双腹盆等陶器,为庙底沟类型所罕见,但却为晚于它的马家窑类型所继承。

综上所述,马家窑文化早期石岭下类型源于仰韶中期文化,随着自身的不断发展,创造出独具特征的马家窑中期即马家窑类型的文化遗存,它再往后发展,便是半山类型和马厂类型。

二、马家窑文化半山类型与马厂类型

发现与发掘

马家窑晚期文化包括半山、马厂两类型的遗存。因首先分别发现于甘肃省广河半山和青海省民和（旧属碾伯县）马厂（或称马厂塬）而得名。这两处遗址都是安特生于1923—1924年调查发现的，被他列入甘肃史前文化"六期"中的仰韶期和马厂期，前者还包括马家窑（住地）、半山（葬地）两类型。其后，安特生的助手巴尔姆格伦（N.Palmgren）把安特生给他的半山、马厂期陶器资料进行整理研究，于1934年出版了《半山与马厂随葬陶器》一书。该书主要对半山、马厂类型的彩陶进行比较系统的研究。安特生和巴尔姆格伦的工作开创了半山、马厂类型文化遗存研究的先河。

20世纪40年代，夏鼐先生调查了兰州地区，发现了青岗岔半山类型等遗址。裴文中先生调查了兰州市附近以及河西走廊和湟水流域，发现马厂类型遗址多处。50～60年代，我国考古工作者配合国家基本建设做了大量的考古调查和发掘工作。

从20世纪70年代至今，对半山、马厂遗址开始有计划、有目的地进行大面积的发掘。

在青海境内，经发掘属于半山、马厂类型的遗址有：1974—1980年发掘的乐都柳湾基地。这是黄河上游迄今已知规模最大的一处氏族公共墓地，共发掘墓葬1500多座，包括半山类型、马厂类型、齐家文化和辛店文化等不同时期墓葬，以马厂类型墓葬为主，出土随葬器物3万多件。1979—1987年发掘的民和马牌墓地，清理墓葬62座。1980—1981年发掘的民和阳山墓地，清理墓葬218座，包括半山与马厂两个类型的墓葬。1982—1983年发掘的循化苏呼撒墓地，清理半山类型墓葬65座。

半山与马厂类型的遗存主要分布在甘、青境内的黄河及其支流洮河、湟水、渭河等河流两岸台地上。分布的中心区是从兰州至西宁的河湟地区。不过，在中心区外两者的分布范围存在有差异。半山类型东扩至甘肃东部泾、渭河流域，最东边直至陕西陇县境。马厂类型的分布则主要往西北方向延伸，最远可抵达河西走廊的酒泉境内，在青海省可西及黄南尖扎县。

在甘青地区共发现半山、马厂类型遗址800余处，计半山类型200余处、马厂类型600余处。

类型与分期

半山与马厂两个类型一般都纳入马家窑文化系统。由于发现的资料日益丰富，而且其文化内涵也比较复杂，因此，有的学者就主张半山、马厂两类型应从马家窑文化中分出来，单独命名为半山-马厂文化，也有学者认为半山与马厂两者还要分开，分别命名为半山文化、马厂文化。但就目前的资料分析，把半山和马厂类型从马家窑文化中分离出来尚感证据不足，它们应是一脉相承、不可分割的同一文化系统。

半山类型有许多文化因素承袭自马家窑类型，如石、骨器的质料、制法、类别等，两者没有太大差别。陶器的质地、色泽、制法、类别等亦颇多相同。所不同的主要表现在陶器特别是彩陶方面，如彩陶的比例骤然增加，而且彩绘图案更为绚丽多彩。据统计，彩陶量约占全部陶器总数的60%，最高者如地巴坪遗址出土的彩陶占90%。彩陶纹主要是以带齿边黑彩和中间夹红彩组成的各种几何形纹饰。典型纹样有左右连续的旋涡纹、葫芦形纹、圆圈纹和齿带纹等，并盛行在大口器内壁施彩。黑红彩对比鲜明，画面富丽夺目，图案设计严谨巧妙，不论正视或俯视，都让人感觉到是一幅完整而美妙的画面（图七）。

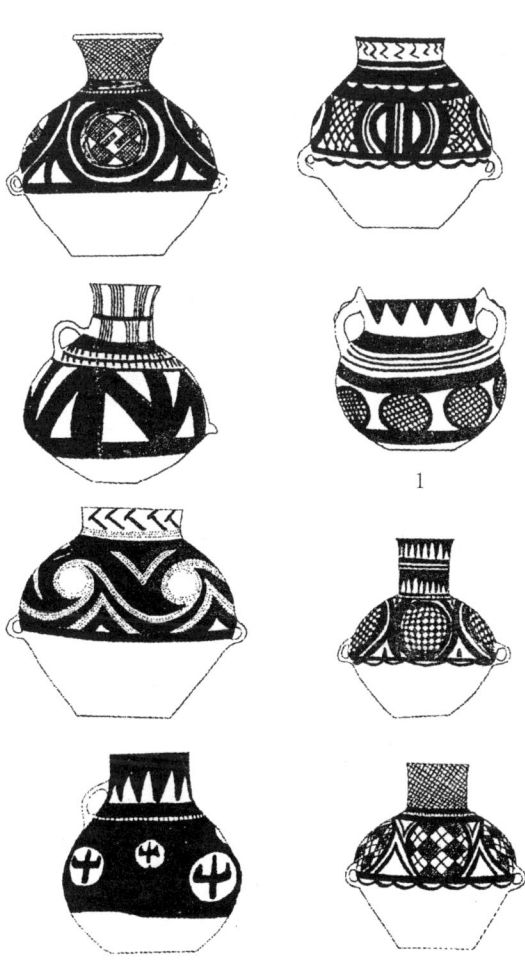

图七 马家窑文化半山类型陶器

1. 罐,其余均壶(民和新民出土)

叶形纹双耳彩陶壶

新石器时代半山类型
海东市循化县丹麻出土

葫芦纹双耳彩陶壶

新石器时代半山类型
海东市化隆县群科出土

彩陶鼓

新石器时代半山类型
海东市民和县阳山墓地出土

涡纹彩陶壶

新石器时代半山类型
海东市民和县阳山墓地出土

涡纹彩陶壶

新石器时代半山类型
海东市民和县阳山墓地出土

器形有盆、钵、壶、罐、单耳罐和双耳罐等。夹砂陶除素面者外，器表主要装饰有绳纹和多种形式的附加堆纹。绳纹多为密集式竖绳纹。附加堆纹多作条带状、三角形、多道波折纹和四方连续的菱格纹等，还有在器的颈部或腹部两侧黏附一对鼻耳或环形耳的。附加堆纹的多样化，是半山类型的突出特点。

马厂类型陶器与半山类型相比有较大的变化。陶器表面处理不如半山类型精细，打磨光亮的较少。在器上部往往还施一层红色或紫红色陶衣，以此掩盖陶器表的粗糙面，也便于着彩绘画。彩陶花纹的主体纹饰以黑彩为主，黑红彩不占主要地位。代表性的花纹是四圈纹和蛙纹，次为连弧纹、回形纹、菱格纹或方格纹等（图八）。在四圈纹中还缀满各种小花纹，其单独纹样达400多种。蛙纹又分全蛙、半蛙、蛙肢等。此外，在彩陶壶的腹下部还画有各种彩绘符号，仅柳湾一地就发现有彩绘符号的陶器共679件，包括139种不同形式的符号，常见的有

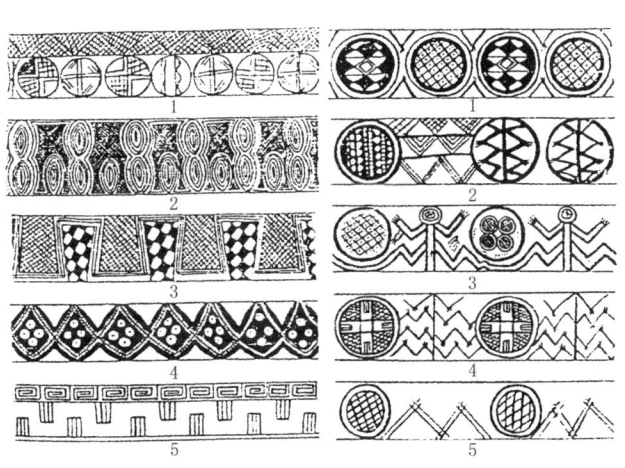

图八 马家窑文化马厂类型彩陶纹饰展开图

左：1~5，青海乐都柳湾
M890：45、MS54：27、M150：7、M1168：2、M920：6
右：1~5. 柳湾
M375：11、M815：29、M555：10、M343：5、M729：9

蛙纹彩陶壶

新石器时代马厂类型
海东市乐都柳湾出土

蛙纹彩陶盆

新石器时代马厂类型
海东市民和县马场垣出土

彩陶双联罐

新石器时代马厂类型
海东市民和县大塬遗址出土

四耳彩陶罐

新石器时代马厂类型
海东市民和县新民阳山出土

鸭形彩陶壶

新石器时代马厂类型
海东市民和县加仁庄出土

"✚""一""丨""ο"等10多种(图九)。这些符号可能是氏族的徽号或制陶者的一种特殊标志。器形除半山类型常见的盆、钵、壶、罐等外,还增加了许多新的器类,如葫芦罐、提梁罐、斗形器、人面形壶、人像彩塑壶等。夹砂陶器的纹样有绳纹、附加堆纹、锥刺纹、划纹等,以绳纹较常见。器类主要是瓮和罐,瓮的形体较高大,多作为储藏器用。

相对年代根据遗址发现的文化层位关系,均是马厂类型位于半山类型之上,或打破半山类型。因此,其相对年代是半山类型早于马厂类型。从柳湾、青岗岔、师赵村遗址采集自半山类型文化层的木炭标

图九 马家窑文化马厂类型彩绘符号

本共 9 个，经碳 -14 年代测定，其绝对年代为公元前 2500—前 2300 年之间。从马家湾、蒋家坪、柳湾遗址采集自马厂类型文化层的木炭标本共 9 件，经碳 -14 年代测定，其绝对年代在公元前 2453—前 2032 年之间。

目前对半山、马厂类型的分期意见，据近年来考古的新发现和诸多资料的分析，将半山、马厂类型各分为早、中、晚三期比较稳妥。半山类型三期分别以柳湾早期、地巴坪和土谷台中期为代表。马厂类型三期,均以《青海柳湾》所分析的马厂类型早、中、晚期为代表。因为柳湾的材料可以说是最典型、最全面的,它涵盖了马厂类型从早到晚不同时期前后发展全过程的演变情况。

半山类型早期陶器以细颈彩陶壶、鼻耳彩陶壶、双耳罐、曲腹钵或盆等为主要器形。彩陶壶轻巧雅致。彩绘以单黑彩为主,次为黑、红双彩组成的几何形图案,常见的有四圈纹、半圆纹、葫芦形纹、旋涡纹、菱格纹和平行条纹等。盛行内彩,以十字纹和旋涡纹为主。四圈纹、旋涡纹和平行条纹等还保留了马家窑类型的文化因素。中期陶器以直颈彩陶壶、短颈彩陶瓮、罐、瓶和夹砂陶罐等为主要器形,尤以壶、瓮为大宗,占全部陶器的90%。壶、瓮的造型硕大而粗矮,也很有特色。彩纹普遍采用黑、红两彩组成的几何形图案,纹样结构严谨,画面华丽,常见的有旋涡纹、四圈纹、菱形网格纹、折线三角纹和多道弧线纹等。晚期以短颈彩陶壶、双大耳彩陶罐、单耳罐和双耳粗陶罐等为主要器形。彩陶比例占全部陶器的56%,比中期大为减少。彩陶壶、瓮等器体增高,腹部加深。盛行黑、红两彩,也有的器物用单黑彩、单红彩或紫彩。常见的有旋涡纹、四圈纹、棋盘纹、人字纹、菱格网纹和蛙纹等，不见早期流行的葫芦形纹。彩陶中某些器形和纹样已孕育了马厂类型的文化因素。

马厂类型早期陶器以侈口短颈彩陶瓮、垂腹罐、长颈壶、双耳彩陶罐、彩陶豆和双耳粗陶罐等为主要器形，葫芦形罐为该期所仅见，彩陶瓮器体硕大。彩陶的数量约占陶器总数的68%。彩纹仍盛行黑、红双彩组成的几何形花纹。最具代表性的花纹是四圈纹和全蛙纹，有少量的8字形纹、竹节纹和太阳纹。中期陶器以小口彩陶壶、双耳彩陶罐、彩陶豆、盆和粗陶瓮等为主要器形。彩陶数量多，占陶器总数的90%。出现人像彩陶壶和方形陶器等新器类，为其他各期所不见。纹样仍以四圈纹和蛙纹为最常见，在四圈纹内点缀了繁多的小花纹，蛙纹均是半蛙纹而不见全蛙纹。在彩陶壶的腹下部多画有符号花纹，共600多件，计100多种不同符号。晚期陶器以素面壶、双耳罐、斜壁盆、高领双耳罐等为主要器形。彩陶瓮已不见，素面陶壶等器形却大为增加。彩陶数量骤减，仅占全部陶器的16%。图案趋于简化，蛙纹演变为蛙肢纹，但新出现了回形纹、方块纹、水波纹、横置人字纹等。该期中的高领双耳罐和双大耳罐已具有齐家文化的特点。

经济形态与生活习俗

聚落多位于河旁台地上。聚落范围大小不同,小者几千平方米,大者可达20万平方米。这大概反映了当时氏族或部落的不同规模。青岗岔遗址第1号房址,规模较大,为长方形半地穴式,东西长7.4米,南北宽6.5米,面积约48平方米。门向东,中间有高出地面10厘米的圆形灶炕。屋内四周有8个柱洞。据柱洞分布可复原为长方形两面坡的房屋。马家湾发现7座房址,结构为圆形或方形的半地穴式,面积14～16平方米。房内有圆形灶址。房内四角各有一个柱洞,中间有一个大柱洞。据柱洞分布可分别复原成方锥形四面坡房屋和圆锥形蒙古包式房屋。屋顶可能是先用木椽构架,铺以茅草,后在表面再抹一层草拌泥。蒋家坪出土的房屋,除方形、长方形外,还有吕字形双间和多间的套间房屋。在海原菜园村林子梁遗址发现的第3号房址保存较好。房子建在黄色生土中,房壁呈弧形,内收成穹隆顶,为窑洞式建筑。居室平面呈椭圆形,直径4.1～4.8米,门向东北。居室中部有一锅形灶炕。门道为长形。这是目前发现最早的窑洞式房子之一。

居民以原始农业为主,种植物主要是粟,次为糜子。生产工具有石斧、锛、凿、刀、磨盘、杵、镰等。这些工具多为磨制，形制规整。生产工具的改进必然会促使生产力的进一步发展。饲养的家畜种属有猪、狗、羊等，以猪为主。在各遗址的发掘中，还发现有石镞、骨镞、石弹丸等狩猎工具，说明当时居民还从事狩猎活动以扩大食物的来源。

制陶业发达，发现半山、马厂类型的陶器数量位居史前文化诸类型之首。据柳湾、阳山、地巴坪、土谷台、鸳鸯池、花寨子、张家台7处遗址统计，共出土陶器17396件，如加上陶纺轮等制品，达2万余件，其中彩陶约占2/3。生产陶器已有专门的制陶窑场。陶器主要采用泥条筑成法成型，口部多经慢轮修整。造型除平底器外，还有圈足器。器类较多，主要有盆、钵、壶、瓶、豆、盂、瓮、缸、甑和大量的单耳、双耳罐等共30余种，可以满足当时人们日常生活之所需。陶质可分为泥质红陶和夹砂红陶，以前者为主，多呈橙黄色和红褐色。彩陶一般采用泥质红陶精心制作，其造型之精巧、构图之华丽、数量之众多，集中地反映出当时制陶业的兴旺和陶工们的高超技艺。

在已发掘的遗址中都普遍出土纺织工具。据统计，共有338件，种类包括石、陶纺轮和骨针等，以陶纺轮的数量最多，约占总数的2/3，说明纺织业是相当发达的。

彩陶在生活中占有重要的地位。彩陶的装饰工艺采用了堆塑和彩绘相结合的手法，创造出许许多多造型新颖别致、构思巧妙的陶制艺术品。这些艺术品多是表现人物和动物形象，而且生机盎然，栩栩如生，如表现人物全身像的人像彩陶壶，表现人面形的人面壶和人面钮单耳杯，表现鸭在水中遨游的鸭形壶。此外，还有模仿篮子的提梁罐，模仿葫芦的葫芦形罐，用作乐器的彩陶鼓等。

阳山墓地出土彩陶鼓3件，均完好。陶鼓形似像脚鼓，中部呈筒形，两端开口，分别作罐形口和喇叭口。口的内侧各置一环耳，两相对应，在一直线上。喇叭口内侧又设六个或七个鹰嘴状突钮，也有作七个镂孔的，这些突钮或镂孔是用来绷兽皮的。而两端的环耳是用于系绳悬挂在身上的。鼓的器表彩绘三角纹和波折纹等纹样。鼓通长35～42.9厘米。这是极为难得的古代鼓乐器实物标本（图十）。

装饰品的种类繁多。据柳湾等墓地统计，出土装饰品共29767件，其中串珠28102件（颗）。串珠的出土位置一般在头、颈部，表明是作为头饰和项链佩挂在胸前或颈项上的。除串珠外，还有臂饰、石管、骨管、石环、穿孔牙饰、蚌饰、骨笄、绿松石饰等，

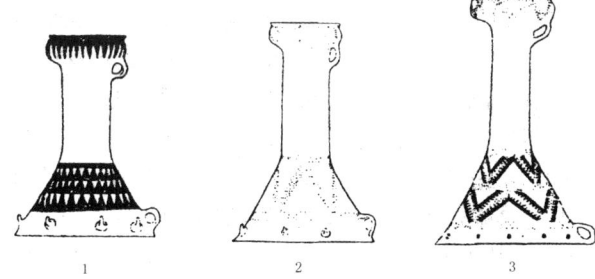

图十　青海民和阳山墓地出土的彩陶鼓

1.M23∶15　2.M147∶1　3.M60∶30

它们充分地体现出了先民们的审美心理和审美意识。

半山与马厂类型时期存在着灵魂和祖先崇拜的习俗。在图腾信仰与自然崇拜中，人类相信万物皆有灵。阳山墓地的西南角，在墓和墓之间发现祭祀坑12座，形制均为圆形土坑。坑内存留有牛、羊等家畜和野兽骨骸，这当是为了祭祀死者而进行原始宗教活动的遗址。

柳湾墓地发现的人像彩陶壶，在壶的正面彩塑人像，人像面部眼、眉、鼻、口、耳俱全，眯眼高鼻，巨口硕耳，八字形眉，大手粗腿，身材魁梧，显得强健有力。壶口径19厘米，高33.4厘米。人像性别特征似具男、女两性之特征，可能具有"两性同体崇拜"的含义，或是当时社会正处于由母系氏族向父系氏族转变的一种反映（图十一）。

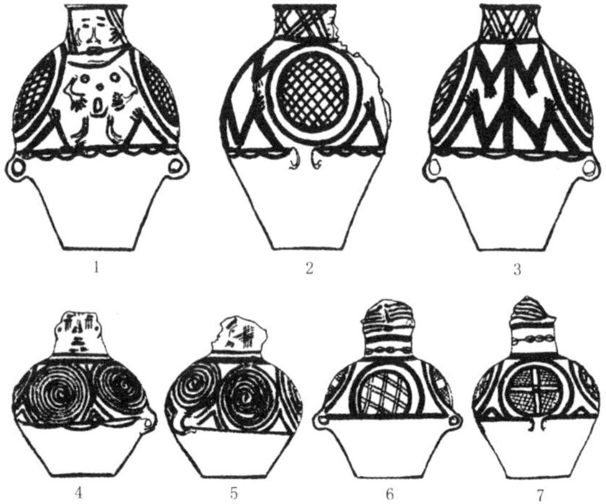

图十一 马家窑文化人像彩陶壶、人面彩陶壶

人像彩陶壶：1~3．Ⅰ型采01（正、侧、背面）
人面彩陶壶：4、5．Ⅱ1式216：1（正、侧面）
6、7．Ⅱ2式242：21（正、侧面）（6、7．约1/9，余约2/15）

半山、马厂类型氏族墓地的材料十分丰富，柳湾发掘墓葬最多，半山、马厂类型墓计1129座，约占这两类型墓发掘总数的50%。由柳湾墓地可知，当时氏族公共墓地的规模很大，墓葬数可在千座以上。墓地大多不与居址在一处。墓葬形制有土坑墓、土洞墓、石棺墓和瓮棺葬多种，以土坑墓为主，次为土洞墓，石棺墓较少，瓮棺葬仅见于鸳鸯池发掘的5座。土坑墓多呈圆角长方形，也有近圆形和方形的。土洞墓都有长方形或梯形墓道，墓门用木棍或石板封闭，墓的平面呈凸形。以往发掘者往往将其作为土坑墓对待，1979年许新国同志首次发现马厂墓中存在土洞墓，也叫洞室墓，纠正了这种观点。这是在黄河上游最早发现的洞室墓。

石棺墓的石棺用整块石板或数块石板围拼砌成，有的有盖无底。瓮棺葬以大陶瓮或陶罐为葬具，在其口上再扣一陶碗，也有的以石片盖口。墓向不一，以朝北为多，也有朝向东南或朝东的。葬具有木制的棺（或椁）和垫板等。棺多由木板制成，也有用半圆木做成椁或棺盖的。木棺有长方形、梯形、吊头木棺、独木棺之别。吊头木棺指棺的两长侧板凸出于挡板外，不同于一般的长方形木棺。

葬式有仰身直肢葬、侧身屈肢葬、俯身葬、二次葬等。这些葬式因墓地而异。如柳湾墓是以仰身直肢葬为主，阳山墓除少数外全是俯身葬，葬俗上的差异可能与氏族图腾崇拜或氏族习俗有关。一般为单身葬，合葬墓比例很小，有二人、三人、四人、五人、六人、七人合葬多种。二人合葬有成年男女、成人和儿童、成人同性葬等。合葬墓中较特殊者是同棺叠压葬，即在一木棺内人骨架上下叠压在一起，其间无间隔物。墓内一般都有随葬品，包括陶、石、骨器和装饰品等，有的还随葬粟等粮食和猪、狗、羊等家畜，以陶器为大宗。马厂类型墓一般埋陶器40～60件，多者如柳湾M564（图十二A）达91件，有的墓地在随葬品种类上男女有别，即男性多随葬石斧、锛、凿，女性多随葬石陶纺轮，反映了男耕女织的明确分工情况。埋敛儿童的瓮棺内，也发现有以小陶器随葬的。马厂类型墓还存在小孩厚葬习俗，柳湾多座小孩墓中有讲究的葬具和丰厚的葬品。

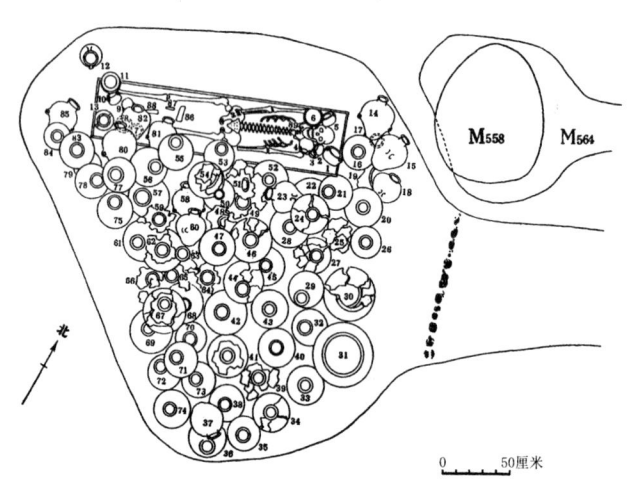

图十二A 马厂类型564号墓平面图

1、6～10、12.侈口双耳罐　2～5、11、13.双耳彩陶罐
14～18、20-29、32～64、66-85、90～95.彩陶壶
19、30、31.粗陶瓮　65.陶壶　86.石斧　87.石凿　88.石刀
89.绿松石饰（图中未表现的器物，皆压在其他器物之下）

与其他文化的关系

关于半山、马厂类型所处的社会发展阶段,目前学术界有三种不同意见。一种意见认为马家窑、半山、马厂诸类型均已是父系氏族社会;另一种意见认为半山类型处于母系氏族社会,马厂类型则处在由母系氏族社会向父系氏族社会过渡的阶段;还有一种意见认为半山类型和马厂类型前期已步入父系氏族制的前期,马厂类型后期已出现阶层。从近年发掘的新资料分析,第二种意见可能比较稳妥。从半山类型墓葬的规模大小、葬品的多寡、葬式的异同等方面考察,在氏族成员之间、两性之间不存在主从、贵贱、贫富之分,他们都是平等的,其时应仍是以血缘关系为纽带组成的母系为中心的氏族社会,婚姻形态处于对偶婚阶段。例如,据花寨子、鸳鸯池、张家台墓地统计,女性墓随葬的陶器数,人均分别为 1.83 件、4.18 件、3.75 件;而男性墓随葬的陶器数,人均分别为 1.71 件、2.8 件、2.5 件。这清楚地表明女性墓随葬的陶器数高于男性墓。柳湾半山类型墓还盛行同性合葬和多人合葬习俗。土谷台、鸳鸯池墓地还存在母亲和子女合葬制。这些实例都说明氏族成员之间、男女之间在社会上处于平等的地位,而且多人合葬、同性合葬、母亲和子女合葬等都是母系氏族社会的真实反映。

马厂类型阶段的生产力比半山类型时期有了进一步的发展。从墓葬来看，不论墓制、规模还是随葬品的数量都明显地存在着差别。以柳湾为例，有的墓小且简陋，随葬品仅一两件，有的墓规模大，随葬品也很丰富，如M564（图十二B），随葬器物共95件，其中陶器一项达91件。这揭示出了私有制的萌芽和贫富不均的社会现象。但从大多数墓葬的情况看，男女墓没有明显区别，然而一些男性墓规模较大，随葬品也比较丰富，显示出男性已有较高的地位。

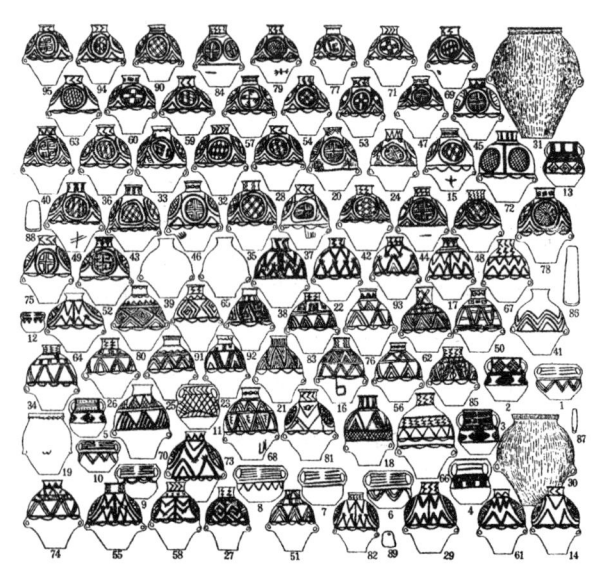

图十二B　马厂类型564号墓器物组合图

因此可以说，当时的社会发展阶段已处于由母系氏族社会向父系氏族社会过渡的时期。

与半山、马厂类型关系最密切的，应是马家窑类型晚期小坪子遗存和齐家文化。小坪子遗存年代比半山类型早，从标型学分析，它的许多陶器演化发展为半山类型。换句话说，后者渊源自前者。半山与马厂两类型的前后继承关系，在考古界没有什么争议。至于马厂类型的后继者问题，学术界还存在着不同的认识。有的学者提出，马厂类型可分东西两区，东区发展为齐家文化，西区发展为四坝文化。有人却认为，马厂类型与齐家文化不是上下继承问题，而是平行发展互有影响的。从总体看，马厂类型与齐家文化的关系非常密切。

三、宗日文化

宗日遗址作为近年中国新石器时代考古工作中为数不多的重大发现之一，其基本情况见诸报端之后，得到了学术界的极大重视，尤其是关于文化性质的探讨，提出了宗日文化这一命名，对于研究青海史前文化具有重要的意义。

文化特征

宗日遗址调查时定性为马家窑文化半山类型，但1994年第一次发掘时，80座墓出土的陶器中，除有少量马家窑类型和半山类型彩陶外，更大量的则是一种新面貌的器物群。1995年第二次发掘，使我们有了更深刻的认识，具体反映在如下几方面：

（1）整个陶器群中，根据特点可分为四大组：A组为马家窑类型陶器，细泥陶或细砂陶，橙黄色，器表光滑，绝大多数施黑色彩绘，常见纹样有旋纹、波纹、弦纹、网纹、弧线三角纹等，常见器类有壶、罐、盆、碗等。B组为半山类型陶器，质地、颜色与A组相似，纹样中锯齿状涡纹常见，另外有圆圈纹、网纹、连弧纹等，器形较A组同类器矮粗，以直口长颈广肩鼓腹双耳壶最具代表性。C组为宗日遗址的新发现，我们也称之为宗日式陶器，夹粗砂者占绝大多数，少量为泥质陶，乳白色或乳黄色。绳纹、附加堆纹较普遍。彩陶占一定比例，为单一紫红色彩，图案主体分两大类：一类是变形鸟纹（包括折尖三角纹和折尖竖线纹），另一类是多道连续折线纹（俯视呈多角星图样）。大型器物多绘在颈、肩部，小型敞口器物则多绘在内部。器类有壶、罐、碗、杯等。

D组为齐家文化器物，主要是细泥橙红陶双大耳罐，及少量夹砂灰褐色篮纹陶片。

（2）D组陶器单独出现，可视为一种独立的遗存。A、B二组则分别与C组共存，说明这三组关系密切，可视其为三组共成一个整体。在两年间出土的陶器中，A组32件、B组43件、C组462件，分占约6%、8%、85%，所以，C组是主体因素，A、B二组只能是附加因素，其文化性质应由C组决定。

（3）青海省远古文化的一些独自的地方特征，在宗日遗址均有存在，例如二次扰乱葬、火葬、俯身葬、石棺葬、墓地祭祀、墓上标志等。这些与马家窑类型、半山类型的主体特征相抵触，却开了卡约文化、辛店文化同类习俗的先河。

（4）遗址中出土的细石器、动物骨骸数量较多，反映了宗日遗址的经济生活中，除农业外，畜养与狩猎占有较大的比重。

鉴于以上考虑，宗日遗址中虽然含有马家窑文化因素，但其文化性质并不宜定为马家窑文化。

分期与年代

从前面所分四组陶器来看，A组、B组和D组的时代是可以确定的，需讨论的是 C 组器物。由于 A、B 两组分别与 C 组的部分陶器共存，则说明 C 组陶器延续的年代跨越了马家窑类型和半山类型，同时也说明 C 组陶器早于齐家文化。进一步，齐家文化墓葬在同一墓地中出现，说明其年代应与整个墓地相去不远，而半山类型与齐家文化之间又有段时间断层，则可以考虑该墓地中有一部分墓晚于半山类型而早于齐家文化。另外，若不考虑陶质、陶色及花纹图案的不同，单就器物造型来看，确有一些 C 组陶器与马厂类型陶器相似，如较为大型的壶类器物。也就是说，宗日遗址应有一批马厂时期的陶器，占据 C 组陶器的多数。这样，三组陶器（D 组除外）在理论上应有三期划分：

一期：马家窑类型陶器和部分宗日式陶器。

二期：半山类型陶器和部分宗日式陶器。

三期：宗日式陶器占绝大部分（图十三）。

反过来，若将宗日式陶器主体的时期排在马家窑期之前行不行呢？我们认为不合适，除了一部分与马厂类型陶器在造型上有相似之处外，还有另外一个原因，即宗日式陶器数量上的变化规律。前两次的发掘材料中，20 件马家窑类型陶器出于 9 座墓中，共存有宗日式陶器 19 件，两者大约各占 50%；而 41

图十三 宗日文化出土陶器

双耳彩陶壶

新石器时代宗日类型
海南州同德县宗日出土

四系彩陶壶

新石器时代宗日类型
海南州同德县宗日出土

人面纹带柄彩陶碗

新石器时代宗日类型
海南州同德县宗日出土

鸟（鹰）纹彩陶壶

新石器时代宗日类型
海南州同德县宗日出土

件半山类型陶器则出于 24 座墓中，共存有宗日式陶器 69 件，两者所占比例约是 37% 和 63%。由此可知宗日式陶器从马家窑期到半山期有一逐渐增多的趋势，所以多数宗日式陶器应排在半山期之后。

以上推论，我们认为宗日遗址始于马家窑类型、结束于齐家文化时期，若不讨论齐家文化的终结时间，只就含宗日式陶器和遗存来看，其年代应与马家窑文化相始终。以较为普遍的认识，延续了自公元前 3290—前 2000 年间约 1300 年的时间。但是，宗日遗址出土的马家窑类型陶器，似乎不含有该类型的早期器物，反而多是晚期，甚至有许多带有向半山类型过渡的性质。矛盾的是宗日墓地中随葬有马家窑类型陶器的墓，经测定年代均早于公元前 3300 年，192 号墓为距今 5685±225，157 号墓为 5650±140（均经树轮校正）。因此我们觉得马家窑类型的开始年代也许更早，至于宗日遗址中含宗日式陶器遗存的年代，暂定为距今 5700—4300 年。

含宗日式陶器遗存的分布区域

作为一种新的文化因素，其发现与被认识是两回事。例如安特生 1921 年发掘了仰韶村遗址，10 年之后才由尹达、梁思永等先生对其内涵做出区分并搞清其关系。而在新因素未被认识时，其特征也往往被忽略，宗日遗址便如此。因调查时发现了4件较典型的半山类型陶器，便忽略了21件夹砂陶的特征，直到发掘后才知半山类型陶器仅是宗日遗址中文化因素的一种，且比例很小。由此我们想到，在过去的发掘调查中，是否也有未被辨认出来的宗日式陶器呢？带着这一问题，1996年6月我们对诸多材料做了复查。

首先是经正式发掘过的贵南县尕马台遗址。该遗址位于龙羊峡水库东侧，1977年发掘齐家文化墓葬62座，文化层中出土马家窑类型和半山类型泥质彩陶片。夹砂陶中以乳黄色和乳白色为主，另有少量红褐陶，施紫红彩，图案有多道连续折线纹、折尖竖线纹。因所查陶片均是挑出来的标本，陶系比例便难以得知，但该遗址中含有典型的宗日式陶器则是毫无疑问的。

对于1982—1987年文物普查中发现的遗址，我们也做了复核。因陶片多检自地表，故残碎不堪难以辨出器形，甚至多数连纹饰及有无图案也不清楚，故只能据陶质、陶色来加以确认。这样，共复查遗址材料450余份，找到含宗日式陶器者51处。这些遗址分布于黄河两岸及支流入河口处的阶地上，上游起自同德、兴海交界处的巴沟入河处,下游至贵德县的松巴峡,区域为青海湖南面的共和盆地,这一小区恰也是自然环境上相对封闭的单元。

宗日文化的命名

宗日遗址的文化因素构成复杂,马家窑类型、半山类型等已知因素所占比例极少,而独具特征的新因素则占陶器的85%左右,并且埋葬习俗上也表现出了与马家窑文化不甚相同的趋势,因此其性质应由新的因素来确定。进一步分析发现,新的文化因素延续了一个较长的时期,并有一个基本确定的分布区域。这样命名考古学文化或类型的时间、区域、特征三要素基本具备了。

如果将宗日遗存作为马家窑文化的一个新类型,则有三点不妥之处。一是马家窑文化经过70余年的研究,其内涵已基本确定,宗日因素的加入,无疑会改变其文化面貌,给人们的认识上造成不必要的混乱。二是马家窑文化的马家窑类型、半山类型、马厂类型(或者加上石岭下类型)均是早晚相承的,实际上仅是分期的概念;而以宗日遗址为代表的诸多遗存则在时间上贯穿了马家窑文化的各个类型时期,实际上是个分区的概念。划分标准的不同会使文化内各类型无法并列。三是马厂类型向西未越过松巴峡，这也正是宗日文化遗存的东界。若因与马家窑类型和半山类型共存而并入一个文化的话，那么马厂期的宗日因素是单独存在的，也就没有了归入马家窑文化的充分理由。

相反，若是将其命名为一个与马家窑文化并立的新文化，这些矛盾便全解决了，只需把那些马家窑文化的陶器作为文化传播和交流的结果即可。相似的文化命名的例子并不少见，如马家窑文化是仰韶文化晚期的一个地方变种，当人们逐渐认识了其特征后，也就慢慢地不再继续称其为甘肃仰韶文化了。比较起来，宗日因素与马家窑文化间的差距更大些，命名为一个新文化的理由也就更充足些。虽然此类因素以前也在其他遗址出现过，但对其有充分认识则是在宗日遗址。并且该遗址延续年代长远、文化内涵丰富，是一个具有代表性的典型遗址。因此，本着考古学文化命名的一般准则，我们认为应将其命名为宗日文化。

宗日文化曾受过马家窑文化的强烈影响，甚至可以说是在马家窑文化影响下产生出来的一支新石器时代文化，分布于青海湖南面共和盆地的黄河及支流两岸；时代大致与东部马家窑文化相始终，延续了约1500年后被齐家文化所代替，并对齐家文化之后的诸青铜时代文化也有相当程度上的影响；宗日文化的陶器在器类上与马家窑文化大致相同，但质地颜色和花纹则完全不同，多是乳黄色、乳白色夹砂陶，施紫红色彩，绘变形鸟纹、折尖三角纹、多道连续折线纹等；定居，主要经营农业，渔猎与采集占有相当大的比重；以石棺、木棺为葬具，有二次扰乱葬、俯身葬、火葬、墓祭等习俗。宗日文化可能是羌人文化或先羌文化。

与其他文化的关系

我们提出宗日文化这一命名，主要是基于宗日遗址的多数陶器不宜划入马家窑文化这一考虑，但实际上，一个文化其内涵绝不仅仅是陶器。正如严文明先生所指出的："考古学遗存似可划分为五大门类或五个组成部分。一是聚落形态……。二是墓葬形制，包括墓地结构及单个墓葬的结构，墓坑、葬具、葬式等方面。三是生产工具和武器。四是生活用具。五是装饰品、艺术品和宗教用品等。……如果按五个组成部分各自的特征进行分析，再把它们综合起来，作为识别和界定每个考古学文化的依据，这样的认识应该是比较全面，比较符合客观实际情况，也是比较符合考古学文化的本意的。"

首先是宗日遗址有关方面的深入分析，如动植物遗存的鉴定研究、古环境的恢复等，在经济生活、生产力发展水平、社会组织结构等多方面来探讨。其次是进一步搞清宗日文化的分布范围。我们通过复查得知有50处左右遗址中含有宗日文化的因素，但这些因素在各遗址中是否占主体地位，抑即属宗日文化还是受宗日文化影响的其他文化，尚需进一步的考察来认定。况且，现范围之外是否有含宗日因素的地点存在，也需在更广泛的区域内做一调查。第三，宗日文化与马家窑文化的关系还需进行更加深入的研究。1996年宗日遗址中已发现有单纯随葬马家窑类型陶器的墓葬，预示着该地区马家窑文化遗存的存在；50余处地点中多数宗日文化因素与马家窑类型、半山类型陶器共存，也显示了其与马家窑文化的密切关系；宗日文化陶器器类与马家窑文化大致相似，有些造型显示出马厂类型陶器特征，不能不让人考虑其与马厂类型的关系。

青铜器时代

一、齐家文化

发现与发掘

齐家文化是甘青地区晚于马家窑文化的史前文化遗存。因最早在甘肃省广河县（旧称宁定县）齐家坪发现而得名。1924年由安特生（J.G.Andersson）首先发现。当时他认为齐家坪出土的文化遗物是甘肃古文化六期中最早的一期，称为"齐家期"，错误地把它的相对年代放在"仰韶期"之前。

1945年，夏鼐先生在广河县阳洼湾墓地发掘两座齐家文化墓葬，墓内出土年代比它早的马家窑文化的彩陶片，这样便从层位上解决了齐家文化与马家窑文化的相对年代问题，即前者晚于后者，纠正了安特生分期的错误。1947—1948年，裴文中先生等在甘肃瓦家坪遗址首次发现齐家文化的白灰面房屋等遗迹。

从20世纪50年代至今，通过调查和复查，在甘肃省境内发现齐家文化遗址650余处，青海省境内发现430余处，共1100余处。

在调查的基础上，有选择地进行了发掘。在青海省境内发掘的有：大通上孙家寨墓地、乐都柳湾墓地、贵南尕马台墓地、互助总寨墓地、大通黄家寨墓地、西宁沈那遗址等。特别是1974—1980年由青海省文物管理处与中国科学院考古研究所共同发掘的柳湾墓地，发掘齐家文化墓葬366座，是迄今为止发掘规模最大、出土物最多的一处氏族公共墓地。

齐家文化的分布范围较广泛，在黄河上游及其支流渭河、洮河、大夏河、湟水与西汉水等流域都有分布，但其分布中心是渭河上游、洮河中下游与湟水中下游地区。若以现在行政区划定位，东起甘肃省庆阳地区宁县，西至青海湖北岸沙柳河，北入内蒙古阿拉善左旗，南抵甘肃省文县，地跨甘、宁、青、蒙四个省区，东西长达800多公里。

类型、分期与年代

通过对这些不同地点所获材料的研究，目前对齐家文化的分期形成了几种不同的认识：有的研究者认为，据碳-14数据与出土物的比较分析，齐家文化的年代东边的要比西边的早，可以把齐家文化暂分为四期，大何庄下层代表一期，大河庄上层代表二期，秦魏家下层代表三期，秦魏家上层代表四期。有的研究者认为，典型的齐家文化可分为甲、乙两种类型，甲型以大何庄和秦魏家两处为代表，乙型以皇娘娘台和柳湾两处为代表，年代上是甲型早于乙型。有的研究者认为整个齐家文化可分为三期八段，一期遗存发现较少，包括瓦家坪82号坑5号文物、柳湾267号墓、皇娘娘台8号房址等典型单位，二期包括皇娘娘台遗址和秦魏家"三层"墓葬（即下层）为代表的一些遗存，三期包括大何庄7号房址和秦魏家墓地的其他一些墓葬为代表的遗存。

对于青海东部发现的齐家文化遗存的分期问题，也有一些不同的认识：有的研究者认为，柳湾墓地齐家文化遗存因大量存在别具风格的彩陶，因而有别于其他地区的齐家文化遗存，由此可称之为齐家文化"柳湾类型"，这类遗存可分为早中晚三期。有的研究者认为，柳湾墓地与皇娘娘台墓地的遗存，应是齐家文化前期阶段的遗存，其年代相当于龙山时代，而将柳湾墓地分为三期，从葬制来看没有年代意义。有的研究者认为，齐家文化在早晚各阶段均存在不同的类型。

根据对上述五处齐家文化遗存的分段比较，我们认为，甘青两省目前发现的齐家文化遗存总体面貌基本一致，柳湾齐家文化墓葬只是在第一段遗存中较多地包含有马厂晚期遗存的部分因素，在第二、第三段遗存中，这种影响已很少见或不见，因此没有必要将柳湾齐家文化遗存另立为一个类型，可以将各地发现的齐家文化遗存分为四期六段，各遗址典型单位的期别归属见下表。

齐家文化各典型遗存单位分期表

分期	分段	柳湾墓地	皇娘娘台墓地	齐家坪遗址	秦魏家墓地	大何庄遗址	尕马台遗址
一	一	一段					
二	二	二段	二段	一段			
	三		三段		三层		
三	四	三段	四段	二段		下层	
	五				二层早段		
四	六			三段	二层晚段		上层

（注：皇娘娘台一段为8号房址所代表的遗存，不在典型齐家文化范围之内，故不分期。）

各期遗存的陶器变化特点如下：

一期一段　为齐家文化形成期，由于目前发现的齐家文化早期遗存主要位于其分布区的西部，所以表现了较为明显的受马厂类型遗存影响的特点；彩陶以黑彩构图，基本再现马厂类遗存的构图纹样和部分器物造型，如柳湾墓地所见的高领双耳折肩罐、双耳罐、鹗面罐等。

二期二段　开始出现典型的齐家文化构图纹样，彩陶以红彩构图，纹样多为重线三角纹、对三角纹。高领双耳折肩罐等器类往往在腹部饰竖向篮纹或粗绳纹，一般器形矮胖，腹部圆鼓，整体作风朴素、沉稳厚重。

二期三段　高领双耳折肩罐及双大耳罐肩腹部出现明显的折棱，其他器类腹部仍为圆腹，但颈部已开始变长。双大耳罐制作精巧。

三期四段　器形整体变为瘦长形，高领双耳折肩罐颈部加长，双大耳罐腹部变小，口呈大喇叭形，豆柄部加高，器形中出现圆底作风。彩陶消失。

三期五段　器形继续向瘦长变化，器表绳纹变细，在器物的颈部一般有数道凹弦纹装饰。器物组合简化。

四期六段　器形均为细长形，腹部收缩，腹大径偏下。双大耳罐小巧精致,其他器形已开始退化。一般器表绳纹细密,口沿及颈部往往加刺点、附加堆纹、凹弦纹等装饰。圜底器明显增多,彩陶再次出现,以红褐彩构图,以连续重线三角纹为主,往往是器表全部涂彩,或颈以下部位全部涂彩。

以上四期遗存中,一四期特征明确,二三期为过渡阶段,往往兼有上下两期的作风。一二期可视为早期,三四期为晚期。

齐家文化各期遗存的相对年代,可以从一些遗址的地层关系中得到确认。柳湾墓地中多次发现齐家文化墓葬打破马厂晚期墓葬的现象,而在柳湾墓地的齐家文化早期遗存中仍然具有大量的马厂类型遗存因素,由此可知,在青海东部,齐家文化早期遗存应与马厂晚期遗存同时或略偏晚。在甘肃中西部地区,齐家文化遗存往往叠压在客省庄二期文化遗存之上,如在秦魏家墓地的1号灰坑、皇娘娘台墓地的8号房址类遗存的发现,这表明齐家文化的年代应晚于客省庄二期文化。客省庄二期文化遗存在陇山、六盘山以西地区的分布,目前只有一些零星发现,从秦安大地湾、镇原常山、宁夏南部的固原店河、海家湾及海原菜园等地的发现来看,甘肃中部地区晚于仰韶文化的是以常山下层文化(或称菜园文化)

为代表的文化遗存。这类遗存与齐家文化的相对年代关系目前还缺乏直接的地层关系证据。从青海民和山家头墓地等地点的发现可知,齐家文化第四期第六段遗存年代早于山家头墓地二段为代表的辛店文化早期遗存,从而可以肯定,齐家文化早于辛店文化。

柳湾等地的碳-14测定数据显示,齐家文化的绝对年代约在距今4300~3800年前后。

经济形态与生活习俗

齐家文化聚落遗址一般都位于河流两岸的黄土台地上,选择离水源较近的地方。遗址的大小规模不同,聚落遗址内有房址、窖穴、陶窑、墓葬和"石圆圈"遗迹等多种建筑遗存。

房址多属半地穴式建筑,平面形状呈圆形或椭圆形、方形或长方形、多边形和凸字形等多种形式。大多数房址的居住面及其四壁的近底部抹有一层白灰面,平整光洁,坚固美观,而且能起到防潮作用。这种白灰面是齐家文化在建筑技术上的一个突出特点。师赵村遗址的房址面积都不大,一般为五六平方米,大者也不超过10平方米,适合于小家庭居住。其中一座房址(F14)较特殊,房址两长侧房壁呈曲

折形，形成里外套间式结构，居住面铺一层白灰面，里间中央设一灶，筑造得比较讲究（图十四）。推知

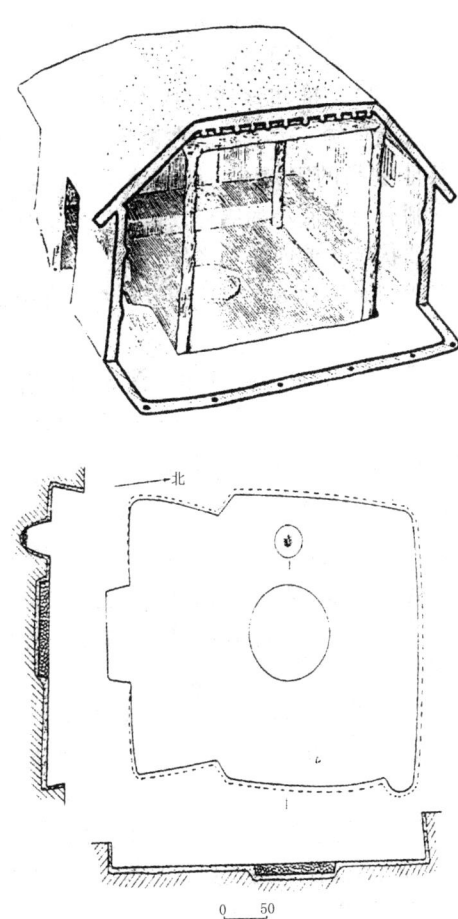

图十四 齐家文化房址及复原图

上：甘肃永靖大何庄房址 F7 复原图
下：甘肃天水师赵村房址 F14 平、剖面图

该房主人有别于其他氏族成员，也许是氏族首领一类人物。在聚落遗址内有不少储存粮食或其他物品的窖穴，一般都位于房址附近或周围。窖穴形制有口大底小的锅形、口小底大的袋形和口底径相若的桶状坑。壁面较平齐规整。

近年来我们对民和喇家遗址的发掘有了许多新的发现。

发现环遗址的壕沟，宽10米，深5米左右。反映出壕沟所代表的遗址，可能是一处具有一定规模和等级地位的中心聚落。

发现房址20余座，均为窑洞形式，具有独特的特征，在房址中发现较多的壁炉，往往与火塘同时使用。代表了外来文化影响。

在遗址东南台地发现小广场，广场上下及周围还包括壕沟、地面建筑、土台、墓葬、杀祭坑、埋葬坑等重要遗迹。

在小广场东南角发现2座"干栏式"地面建筑，在小广场北面发现高出地面2米的土台，被推测为祭台。

居民以原始农业为主，种植的作物主要是粟。农业生产中一般使用石、骨质制造的工具。石器多选取石质硬度较高的石料加工而成。工具种类有石镰、刀、斧、磨棒、磨盘、敲砸器和骨铲。石刀多是长方形或椭圆形穿孔刀。石斧多磨制，有的两侧带肩，便于用手握持，或可装柄，成为复合工具。骨铲是用动物肩胛骨或下颌骨制作，刃宽而锋利，是可以提高生产效率的一种较好的生产工具。

饲养业较发达，从各遗址出土大量的动物遗骸可知，饲养的家畜有猪、羊、牛、马、驴、狗等。猪占绝大多数，是主要的饲养对象。其次是羊。当时还进行狩猎活动，被狩猎的动物有鹿、鼠、鼬、鼢鼠等。所用的狩猎工具有石矛、石镞、石弹丸和骨镞等，以骨镞为常见。

制陶业在手工业中占重要地位。迄今发掘出土的陶器有3000余件。在师赵村遗址发现有烧制陶器的窑址3座，均属横穴窑。这几座陶窑同在一地，系同时使用，反映制陶生产有了一定的规模。制陶者已能熟练掌握烧窑技术，陶色纯正，多呈红褐色，很少出现颜色不纯的斑驳现象。器表往往施有一层白陶衣，纹饰以篮纹和绳纹为主，次为弦纹、划纹和附加堆纹。还有少量彩陶，彩色用红、黑两彩，花纹有蝶形纹和蕉叶纹，较为新颖。造型以平底器为主，次为三足器和圈足器。常见的器类有碗、盆、豆和单耳、双耳、三耳的各式罐。其中，重耳罐、双耳彩陶罐和鸮面罐等是有特色的器物。此外还有捏塑人物和动物鸟、羊、狗等各种形象的陶塑品，均形体小巧，姿态生动。

纺织业发达。据统计，出土的骨针和陶纺轮、石纺轮等纺织缝纫工具共205件，其中骨针86件，纺轮119件。这个数字表明当时纺织业是一项较普及的家庭手工业。

玉石制造业有一定的规模。有石斧、刀、璧和玉璧、锛、凿、斧、刀、镯，齐家文化制玉工艺的一个突出特点是不尚装饰。玉器绝大多数都是平素无纹的。在制作技术上是采用相向对锯的方法将玉料锯剖成片，因此在锯剖相接处往往错位形成台阶。钻孔乃采用圆头钻。

喇家遗址中出土了多件特殊的、大型的玉器，可称之为"王者之器"。例如玉璧，直径27.1厘米、厚1.2厘米；玉斧长40多厘米；玉刀长67厘米、宽16厘米、厚0.4厘米。这些遗物，均为重器，反映出喇家4000多年前复杂的社会等级结构，已有特殊地位的统治者（图十五）。

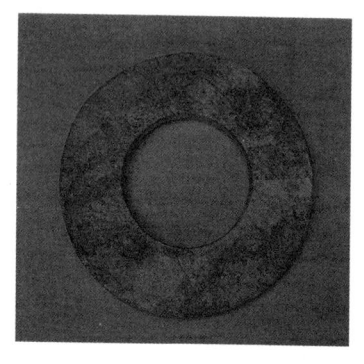

玉璧

铜石并用时代齐家文化
海东市化隆县群科镇出土

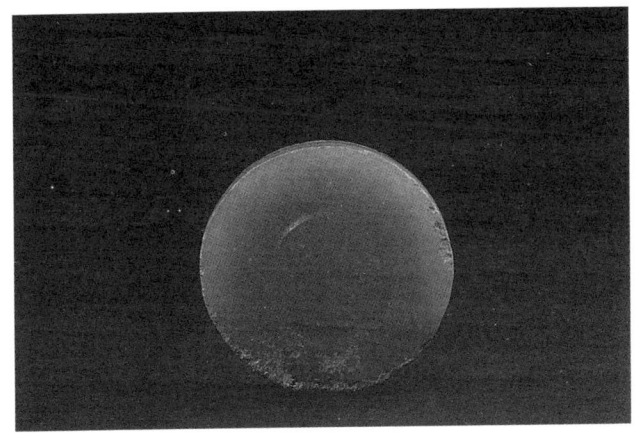

玉芯

铜石并用时代齐家文化
海东市民和县喇家出土

玉瑗

铜石并用时代齐家文化
海东市民和县喇家出土

折线纹双口提梁彩陶壶

铜石并用时代齐家文化
海东市民和县喇家出土

高领折肩蓝纹壶

铜石并用时代齐家文化
海东市民和县喇家出土

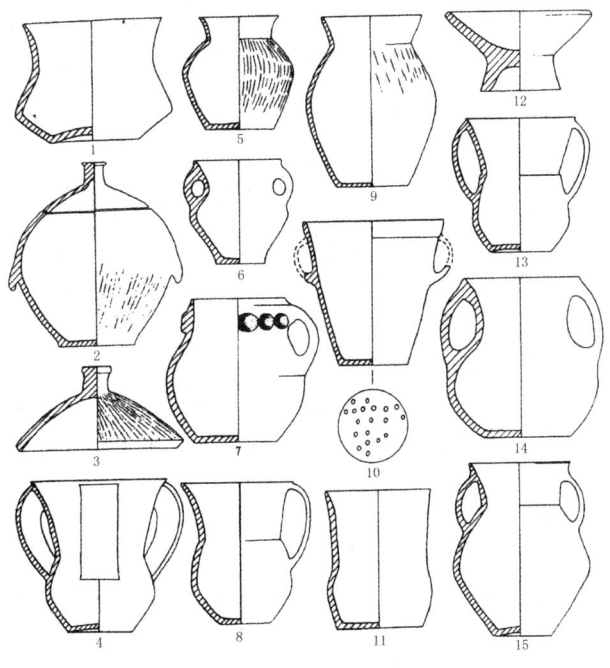

图十五 民和喇家出土齐家文化陶器

1. 尊（F4：2） 2. Ⅰ式敛口瓮（F3：14） 3. 器盖（F3：21）
4. 三大耳罐（F4：16） 5. Ⅰ式侈口罐（F3：6） 6. Ⅱ式双耳罐（F4：13）
7. 单耳罐（F3：34） 8. 单耳杯（F3：1） 9. Ⅱ式侈口罐（F3：22）
10. 甑（F3：35） 11. 杯（F4：11） 12. 豆（F3：24）
13. Ⅱ式大双耳罐（F4：19） 14. Ⅰ式大双耳罐（F3：33）
15. Ⅰ式双耳罐（F3：25）（2、9、10、15. 约有1/6，余均约1/3）

璧、琮在中国古代是特殊的器物，它作为礼器郑重地用于贵族阶级的祭祀、聘礼、馈赠、贡献、赏赐和丧礼中，同时是权力、地位和身份的象征。《周礼·大宗伯》云："以玉作六器（按：指璧、琮、圭、璋、琥、璜），以礼天地四方。以苍璧礼天，以黄琮礼地。"琮是方形中有圆孔的玉器，琥是雕成虎形的玉，璜是形状像璧的一半的玉器。郑玄注："礼神者，必象其类，璧圜象天，琮八方象地。"在原始社会晚期产生的圆璧、方琮可能反映先民们已初步形成天圆地方的宇宙观念。《周礼·典瑞》云："疏璧琮以敛尸。"郑玄注："圭在左，璋在首，琥在右，璜在足，璧在背，琮在腹，盖有方明神之也。疏璧琮者通于天地。"含有浓厚的宗教色彩（图十六）。

冶铜业的出现是齐家文化先民在生产上的一项巨大成就。在皇娘娘台、大何庄、秦魏家等10余处遗址内都发现有红铜器和青铜器，共出土铜器60多件。器类有刀、锥、斧、镰、矛、凿、匕、环、泡、镜、铜饰品和铜渣等（图十七）。沈那遗址出土的铜矛，呈阔叶状，有中脊，中部还附有一倒钩，长62厘米，宽20厘米，是迄今所知齐家文化最长的一件青铜器。齐家文化遗址中还出土有铜、骨复合工具。总寨和魏家台子遗址发现骨柄铜刀和骨柄铜锥共5件，刀长5厘米，锥长6.7厘米。这种铜、骨复合工具目前仅见于齐家文化遗址中。铜器的制作采用冷锻法和范铸法，刀、锥以锻为主，斧、镰为范铸而成。铜器经光谱定性和电子探针等方法鉴定，按其成分有红铜

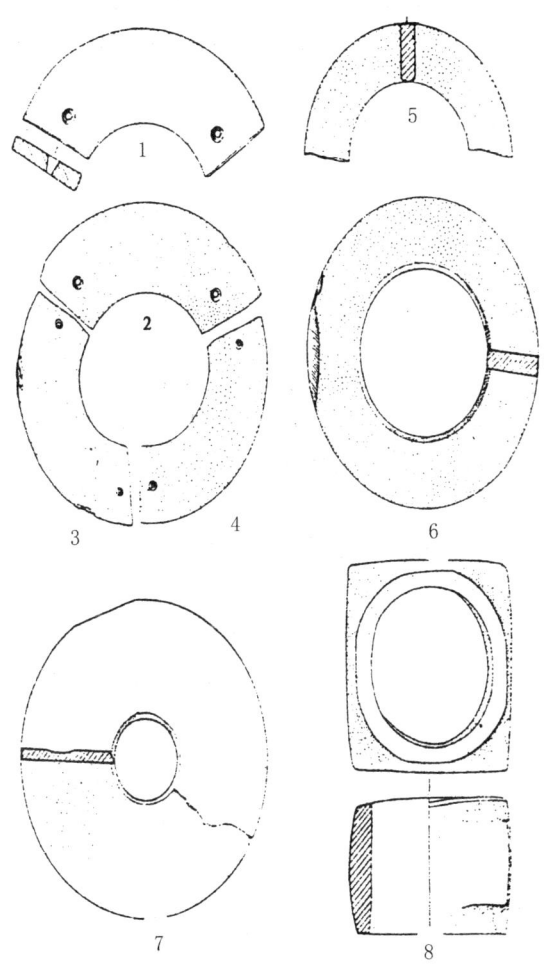

图十六 甘肃天水师赵村遗址出土的玉器

1、2、3、4.玉璜 5、6.玉环 7.玉璧 8.玉琮

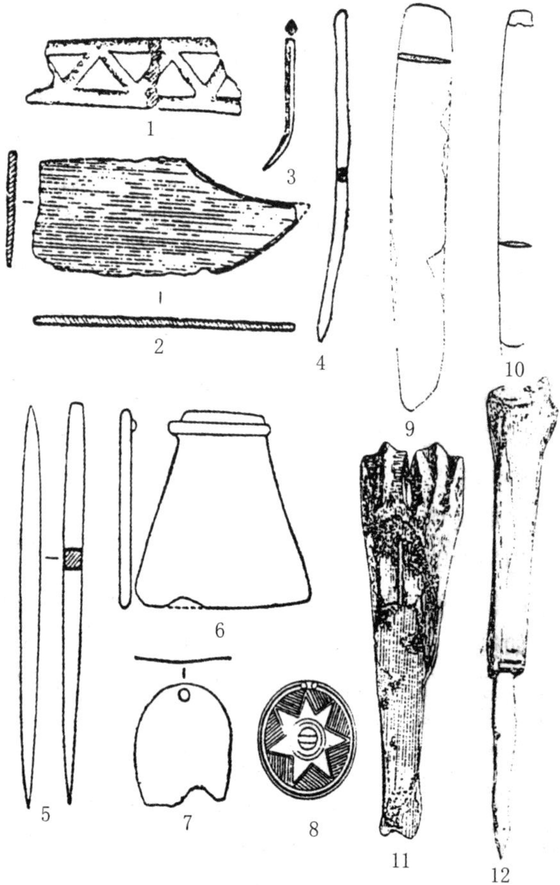

图十七 齐家文化铜器

1. 条形铜饰　2、9、10. 刀　3～5. 锥　6. 斧　7. 圆形铜饰
8. 镜　11. 骨柄铜刀　12. 骨柄铜锥（1～4. 甘肃武威皇娘娘台出土，
5～7. 甘肃永靖秦魏家出土，8. 青海贵南尕马台出土，
9～12. 青海互助总寨出土）

器和青铜器，后者包括铅青铜、锡青铜和铅锡青铜。青铜器的发现表明齐家文化的炼铜技术已从冶炼红铜发展到冶炼青铜的阶段。齐家文化晚期已逐步进入青铜时代。齐家文化遗址出土一批数量可观的红铜器和青铜器，在中国古代冶金史上写下了辉煌的一页。

七角星纹铜镜

铜石并用时期齐家文化
海南州贵南县尕马台出土

铜矛

铜石并用时期齐家文化
西宁市沈那遗址出土

文化艺术主要是通过彩陶和人物、动物的雕塑品来表现的。彩陶在皇娘娘台和柳湾等遗址中均有出土，共计100余件。彩陶纹饰的色彩有黑彩、红彩和紫红彩，红彩占有相当大的比例，它和马家窑文化以黑彩为主的风格形成鲜明的反差。纹样有蝶形纹、蕉叶纹、倒三角纹、横人字纹、方块连续带纹等。

蝶形纹、蕉叶纹、方块连续带纹独具一格,是齐家文化富有特征的纹饰。雕塑品均为陶塑,有人头像和鸟、绵羊等形象以及兽首葫芦形陶铃、瓶形陶铃、刻划纹鼓形玩具等。鸟类造型居多,如柳湾遗址出土的鸮面形单耳罐,在罐口用堆塑、锥刺、穿孔等手法做成鸮面的形象。皇娘娘台遗址出土的彩陶豆,盘内画十字纹,间隙处填变形蜥蜴纹或蛙纹,极为罕见,为彩陶中的珍品。

在大何庄和秦魏家遗址发现由砾石筑成的"石圆圈"遗迹共6处。形制大体相同,皆由大小相若的天然砾石围筑成圆圈形,直径约4米。大何庄1号"石圆圈"遗迹,保存较完整。在它的东边有一具被砍掉了头的母牛骨架,腹内还有尚未出生的小牛骨骼。在它的西边有一具羊骨架。这种"石圆圈"遗迹显然属于祭祀性的建筑物,在它附近发现的卜骨和动物骨骼等是在此进行祭祀活动所遗留下的遗物。在西山坪遗址发现有祭祀坑(H17),呈圆形,坑底有猪骨架五具,作"T"字形排列。猪龄经鉴定,均属3~12个月的幼猪。当时人们有意识地把幼猪宰杀后埋入坑内,反映齐家文化居民存在用猪作为祭品的习俗。

在喇家遗址中还发现了乐器,在村民家征集到一件大石磬,形状呈长方形,长96厘米、宽61厘米,一边中间有孔,可以穿绳系挂,击之发金属声。

当时盛行占卜。在皇娘娘台和秦魏家等遗址普遍发现卜骨,共计70余件。卜骨的材料以羊肩胛骨为主,次为牛、鹿肩胛骨。一般不钻不凿,只有烧灼的痕迹。

齐家文化已发掘比较大的墓地有大何庄、秦魏家、皇娘娘台和柳湾等。迄今已发掘墓葬约1000座,多是成组成排的氏族公共墓地,但规模大小不一,大的墓地如柳湾墓地达366座墓。墓坑多作平行式排列,也有作竖条形或块状安排的。墓地保存最完整、墓葬排列最有序的是秦魏家墓地。该墓地分南北两部分。南部墓地的墓葬分上下两层,上层共99墓,分6排安置,方向一律朝西北;下层共8墓,分散排列。北部墓地共29座墓,分3排安置,方向一律朝西。坑位安排井然有序。墓形以长方形或圆角长方形竖穴土坑墓为主,其次为土洞墓。葬具仅发现于柳湾墓地,有木制的长方形木棺、独木棺和垫板。独木棺是把一段圆木加工成船舱形,长约2米。墓葬方向以朝西或西北居多。墓内一般都有随葬品,以陶器为主,也有骨、石器,用猪下颌骨随葬也属常见。葬法有单人葬和合葬两种。单人葬以仰身直肢葬为主,其次为侧身葬和俯身葬,屈肢葬占少数。合葬墓有成年男女合葬、成人和儿童合葬、多人合葬诸种,以男女二人合葬较为常见。秦魏家的男女合葬墓,男性居右,仰身直肢;女性居左,侧身屈肢,面向男性。皇娘娘台的成年一男两女三人合葬墓,男性位正中,二女分居,侧身屈肢,面向男性。这种合葬墓的出现,既说明男子在社会上居尊或处于统治地位,女子降至从属和被奴役的境地,同时又反映了婚姻形态已由对偶婚过渡到一夫一妻制,并有较富裕的家长过着一夫多妻的生活。在合葬墓里,成年男子和儿童合葬也反映当时存在着父系制的传统。

在民和县喇家还首次发现并科学印证了我国史前灾难遗迹。

在遗址3号、4号、7号、10号房址内,共有23具不同性别、不同年龄的遗骸,呈现出非正常死亡的姿态。真实生动地再现了灾难发生瞬间人们的情态。充满母佑子、大护小的场景,摄人心魄,极具震撼力。

经多学科科学家的考察和认定,喇家遗址毁灭的原因,是因遭到几乎同时发生的古地震及古洪水的袭击。地震对喇家遗址进行了最初的破坏,紧随其后的洪水对遗址进行了最后的摧毁,洪水渗入到倒塌的房子,淹没了死于地震的遗骸,喇家遗址所呈现的现象,正是地震与洪水共同作用的结果。

社会发展阶段探讨

从墓葬结构和随葬品的质量、数量上分析，大墓和小墓的差别是很悬殊的。如柳湾第972号墓，为一大墓，有墓道和墓室，通长4.2米，随葬品较多，计33件，其中陶器26件，绿松石6颗，串珠1串。小墓如971号墓，墓坑长仅1.5米，不但墓小，而且没有任何随葬品。这是社会上存在私有制、贫富分化的具体反映。

冶铜业的发展，生产力的提高，促使氏族内部发生深刻变革。齐家文化还存在人殉现象，如柳湾第314号墓的墓主人为男子，仰身直肢平躺于木棺内，另一女子侧身屈肢置于棺外，一条腿被压在棺下，她显然是为墓主人殉葬的。又如齐家坪墓地发现8人和13人同坑合葬墓，墓主为男性，居中，仰身直肢，在其旁的骨架则有头无身或有身无头。同时在该墓地还发现三四个头骨埋于一坑的现象，这些无躯死者可能是墓主人的殉葬者，也可能是被作为祭祀的牺牲品。在西山坪发现有殉葬坑，保存均较完好。殉葬坑（M13）圆形，口径1.4米，深0.5米，坑内埋葬人骨架9具，作上下叠压或相互交错排列。这些人骨鉴定均为男性，年龄20～40岁，无一人在40岁以上。说明这些人都不是正常死亡,死者是日趋频繁的部落或部族间战争的受害者,或是从外部落俘虏来的战俘,他们或惨遭杀害,或被作为祭祀的人牲。从诸多方面考察,可认为齐家文化的社会发展阶段已处于原始社会行将崩溃的军事民主制时代。

与其他考古学文化的关系

关于这一问题,目前学术界有不同的认识,有的研究者认为齐家文化是马厂类型的继续与发展;有的研究者认为齐家文化不是从半山-马厂文化独立发展而成的;有的研究者认为齐家文化是马家窑文化的继续与发展,并吸收了邻近的客省庄文化的因素而发展起来的;有的研究者认为到马厂期已分化为东西两区,其后东区发展为齐家文化;有的研究者认为齐家文化似乎是常山下层文化的继续发展;有的研究者认为宁夏固原海家湾与上齐家等地的遗存与齐家文化的渊源有一定的关系。

实际上述各种观点可以归结为两类:一类观点主张齐家文化来源于甘肃中西部的马家窑文化系统;另一类观点主张齐家文化来源于甘肃东部地区的龙山时代遗存。甘肃东部属于仰韶文化之后到齐家文化之前这一阶段文化的面貌及源流问题尚不十分清楚，对它们的认识也不一致，依目前习惯的命名，大抵有所谓的常山下层文化、菜园文化、客省庄二期文化等类遗存。其中常山下层文化所依据的材料是常山遗址下层几个灰坑所出遗物和陇东各地的部分馆藏陶器。菜园文化所依据的材料是菜园村切刀把墓地等处发掘的遗物。此二类文化面貌颇多一致，原本就可称为一种文化。它广泛分布于甘肃东部的庆阳、平凉，宁夏的海原、固原，甘肃中部的定西及兰州。可以看出，这类文化遗存主要分布于齐家文化中心分布区的东面和北面，在分布地域上与齐家文化有接触地带。曾经从常山遗址所取标本测得一个碳-14年代数据为 2930±180B.C.（已经树轮校正），显然，其年代早于齐家文化。如果把齐家文化早期遗存的陶器与常山下层文化的陶器进行比较，不难发现二者有许多相似的因素。切刀把墓地所出陶器均为手制，以夹砂橙黄陶、灰褐陶为主，纹饰主要为各种横篮纹、线纹和附加堆纹。器形均为平底器，不见圜底或三足器。常见器类有小口瓮、大口瓮、小口罐、单耳罐、单耳壶、双耳罐、双大耳罐、双耳壶、盆、钵等，还见部分彩陶器。器物的造型特点明确,往往为短直颈、溜肩、圆鼓腹、小平底。腹大径偏下，整体作风沉稳、厚重。其中双耳壶、小口鼓腹罐、小口细颈瓮、单耳罐、双耳罐、双大耳罐等器类与齐家文化早期遗存中的同类器作风十分接近，可以基本肯定二者应有承继关系，惟在表面装饰纹样上齐家文化陶器多为素面，或饰竖向细绳纹，这可以归结为不同时代的不同特点。

客省庄二期文化遗存首先在陕西西安附近发现。20世纪50年代在沣西客省庄遗址的大规模发掘，证明它晚于仰韶文化庙底沟类型而早于西周文化。历年来在甘肃东部和中部也发现过客省庄二期文化遗存的分布。过去曾将这类遗存统称为齐家文化遗存，这是由于二者往往共处一地，如皇娘娘台遗址F8类遗存、秦魏家墓地H1类遗存。也有单独分布的例证如灵台桥村遗址。客省庄二期文化的陶器常见为各式斝和鬲，与齐家文化陶器相比，齐家文化的鬲当来源于此，目前齐家文化遗存中还没有发现斝形器类，而在齐家坪遗址等地发现的封口盉类器物，也当来源于客省庄二期文化。虽然齐家文化早期遗存中有部分客省庄二期文化的遗存因素，但其主体并非来源于这种文化。

主张齐家文化来源于马家窑文化系统的观点，所依据的材料主要是在青海柳湾墓地和武威皇娘娘台墓地的发现，在前面的章节中我们已经将柳湾、皇娘娘台等地的发现与其他地点的齐家文化遗存作了比较，结果表明各地齐家文化遗存的主体是一致的，但柳湾、皇娘娘台两地存在较多的彩陶因素。皇娘娘台遗址发现的彩陶器多与齐家文化早期遗存共存，我们已判定其为马厂类型遗存之后的一种过渡类型遗存，它应与四坝文化的关系密切，而与齐家文化早期遗存只是并行发展关系。

柳湾墓地齐家文化早期遗存中所见的彩陶因素及诸如豆、双耳敛口瓮、鸮面罐等类器物，均可以从该遗址较早阶段的马厂类型遗存中找到来源。但是这些来源于马厂的因素在其他齐家文化遗址中并不占主导地位，在柳湾齐家文化中晚期遗存中也渐次趋于消失。因此，这种现象也可以归结为如同齐家文化在东部地区受客省庄二期文化影响一样的关系。总体来看，就目前材料所反映的现象而言，齐家文化主要来源于甘肃东部和中部地区广泛分布的常山下层文化（或称菜园文化），同时，在它形成的早期阶段，就已吸收了东面的客省庄二期文化和西面的马厂类型遗存的诸多因素，因而形成了东、西部地区齐家文化遗存的一些不同特点。

二、卡约文化

发现与发掘

卡约文化因在青海省湟中县李家山乡卡约村首先发现而得名。卡约为藏语地名，因"约"与"窑"字音近，故也称为卡窑文化。现在考古界都依原名，统一称为卡约文化。卡约遗址是1923年安特生在湟中县李家山下西河考察时发现的。他在该遗址采集有陶器和铜器等器物，虽然陶器的形制与寺洼山出土的不同，但他却把它并入甘肃史前文化六期中的"寺洼期"。

1949年，夏鼐先生在《临洮寺洼山发掘记》中首次把卡约文化从寺洼文化中分出来单独命名。

1954年，青海省文物管理委员会在湟中朱家寨（现属西宁）北山根发现卡约文化墓葬，出土有完整的铜戈等遗物。1956年，黄河水库考古队在永靖县境内黄河沿岸发现卡约文化遗址2处，征集陶器8件。在西宁古城台和朱家寨遗址发现有卡约文化的彩陶器和铜戈、铜泡等文化遗物。这是彩陶器在卡约文化中的首次发现，纠正了过去认为卡约文化无彩陶的观点。1959年，在西宁北川贺家寨清理一批卡约文化墓葬。同年,在湟源县境内发现卡约文化遗址12处。1963年,在西宁鲍家寨筑水渠工程中,发现完整的卡约文化铜鬲,这是新发现的器物。同年,在大通宝库、东峡发现卡约文化遗址6处。1966年,在尖扎县马克唐清理卡约文化瓮棺葬墓5座。

20世纪70年代以来,文物考古工作者在甘青地区做了大量的调查与发掘,尤其对卡约文化的工作做得特别多。1972年,在刚察县沙柳河调查,发现卡约文化遗址多处。1973—1980年,在大通县后子河乡上孙家寨墓地发掘卡约文化墓葬219座。1980年,在循化县街子乡托隆都村发掘阿哈特拉墓地,发现卡约文化等墓葬217座,出土陶、石器等随葬品共1300余件。同年,在共和县合洛寺墓地,发掘卡约文化墓葬8座。

1981年,发掘循化苏志苹果园墓地,发现卡约文化坟丘墓2处,分别埋墓10座和16座,出土文物300多件。同年,在贵德山平台墓地发掘卡约文化墓葬90座,出土遗物共629件。1981—1982年,在湟中县下西河潘家梁墓地发掘卡约文化墓葬244座,出土遗物共6958件。1982—1983年,在循化县苏呼撒村墓地发掘卡约文化墓葬22座。1983年,在湟源县大华乡中庄村墓地发掘卡约文化墓葬共117座,随葬品共1000余件。1985年，在大通县黄家寨杨家湾墓地发掘卡约文化墓葬24座。1987年，青海省重点文物普查发现卡约文化遗址200余处，其中，同仁县75处、尖扎县90处、贵南县63处、同德县14处。

1988年，青海省文物考古研究所配合李家峡水库区，发掘化隆县半主注墓地，发现卡约文化墓葬85座，随葬品共700余件。1988—1989年，在刚察县城郊墓地发掘卡约文化墓葬42座，出土遗物共700余件。1990年，在化隆县西北村墓地发掘卡约文化墓葬共48座。同年，对化隆上半主注墓地进行发掘，发现卡约文化墓葬54座，出土遗物749件。1991年，在尖扎县直岗拉卡乡鲍家藏村遗址发掘卡约文化房址3座、窖穴23个、墓葬8座。1994年，在化隆县雄先乡下半主注墓地发掘卡约文化墓葬16座，出土随葬品300余件。其中一墓为成年男女合葬墓，双木棺，保存较好，为探讨卡约文化葬俗增加了新的内容。

卡约文化主要分布在黄河上游及其支流湟水流域。其分布范围大体东起甘肃西部永靖县，西至青海海南藏族自治州兴海县，北到祁连山南麓，南达阿尼玛卿山北部。但遗址分布比较密集的中心区是在青海省境内黄河上游河曲地带和湟水中上游地区。

卡约文化在青海省境内经全面调查核实，共有

1766余处遗址。

类型与分期

从现在所知情况看,卡约文化分布区域辽阔,文化面貌上存在着若干不同的差异,其中有些是时代早晚不同的反映,另一些则显然是地域的差别。根据目前的发掘资料看,其中一种观点认为卡约文化的类型以大通上孙家寨、循化阿哈特拉山为代表,分为"上孙家寨类型"(简称"上孙类型")、"阿哈特拉类型"二种。以下对这两个不同类型的基本文化内涵、分期作具体的分析探讨。

(1)上孙类型典型墓地分析

青海省西宁市以北有一条宽阔的河谷地带,被称为北川,其间有北川河流过,河流两岸地势平坦、土地肥沃,从很早的古代起,就成为人们生活居住的良好地方,因此留下了丰富的古文化遗存。上孙家寨墓地正是位于这一河谷地带末端的大通县后子河乡上孙家寨村北。1973年,省文物考古队开始发掘,截至1980年底,揭露面积约4万平方米,共发掘墓葬1111座(不包括汉墓在内)。其中马家窑文化墓葬23座,齐家文化墓葬2座,卡约文化墓葬219座,带有唐汪式陶器特点的墓葬188座,辛店文化张家嘴类型墓葬14座(以上只包括出陶器墓)。

青铜时代的卡约唐汪墓葬均为土坑竖穴墓,可分为偏洞式和竖井式两种。

根据墓葬的层位关系以及陶器的类型学研究,我们将上孙墓地墓葬分为七期十一段。对分期具有典型意义的陶器主要是"三大件",其基本组合是:粗陶双耳罐、小口双耳罐、大口双耳罐。

第一期至第四期属于卡约文化期。我们曾经冠以"甲组"的名称。

第一期墓仅一座,为土圹竖穴,北偏东80°,仰身直肢葬。陶器中小口双耳罐为泥质红陶,器形较小,颈部较直,腹部稍下垂,平底较大。饰红彩,领与口部绘网纹,肩与腹部垂线或垂三角纹。大口双耳罐亦为细泥红陶,敞口、浅腹、短颈、双小耳,平底较大。还有堆纹口沿罐和腹耳壶等。该期主要特点是陶器的器形都较小,胎质较薄,平底稍大,绘红彩,其网纹、垂三角纹的作风与现知齐家文化的陶器作风较接近或相似。

第二期墓共47座,其中竖穴墓28座、偏洞墓19座。仰身直肢葬占大多数,共有29座,扰乱上肢葬10座,二次迁葬7座,一墓不清。仰身直肢葬中同性合葬与男女合葬墓各一座；二次迁葬中，同性（女）合葬一座。墓向除一墓不清外余均为西向墓，北偏西 50°～90°之间。陶器组合中粗陶双耳罐特点是形体较小，呈长方和扁方形，口部微侈，领部较直或稍屈，腹部呈长圆和扁圆形，均平底，在腹部和耳部饰堆纹；小口双耳罐特点是口稍侈，腹部稍圆折或圆鼓，平底，有的在领部刻划波折纹一周，此外还有扁腹，领口较直，器形较小，腹部扁圆略垂，平底等特点；大口双耳罐特点是散口，短颈，双小耳，平底较大，细泥红陶质。另有腹耳壶和高领双耳罐等。陶质自本期以后均以夹砂夹陶末红陶为主，灰陶次之。陶器器形较小，多为平底器，形成自己的特点。本期彩陶较少，仍以红彩为主，多系大口双耳罐口沿部分绘彩，彩绘纹饰有宽带纹、腹线方折纹等。

第三期共 54 座墓，其中竖穴墓 16 座，偏洞墓 37 座，一座不清。墓向除两座北向外，余皆西向。葬式仰身直肢葬 26 座，扰乱上肢葬 15 座，二次迁葬 12 座，俯身葬 1 座。其中二次扰乱葬中有母子合葬墓 1 座,迁葬中男女合葬 1 座。本期陶器器形变大，圈足器尚有一定数量，陶器口部多侈，小口较圆，耳部较大；大口双耳罐腹部较前期为深；粗陶双耳罐内折领明显。彩绘方面不见红彩，多为器表施红陶衣着黑彩。彩陶数量极少,纹饰有垂线纹、复线方折纹、斜线三角纹等。

第四期为上孙家寨墓地卡约文化墓葬最盛期。陶器墓共有117座。其中竖穴墓21座,偏洞墓96座。墓向除2座为北向外,其余均为西向。葬式方面,仰身直肢葬34座,扰乱上肢葬61座,二次迁葬21座,俯身葬1座(扰乱上肢),扰乱葬中男女合葬墓1座。基本陶器组合的特点是:粗陶双耳罐外形增大,呈长方形,口部稍侈,领部斜直,腹部圆鼓或长圆,圈足和平底较小,在耳部和腹部饰堆纹和划纹;小口双耳罐器形又稍增大侈口,双大耳,领部内屈,圆腹,圈足多见;大口双耳罐器形亦增大,折领、腹部稍深,圈足。总的特点是陶器器形较第三期又增大,圈足普遍,小口双大耳罐耳部领部较长;大口双耳罐腹部较深;粗双罐领部较直,腹部稍长圆。彩陶数件,皆黑彩,仅见于小口双耳罐,彩绘内容有垂线纹、腹部饰单复线波折纹、回纹、斜线三角纹、"Z"形纹,鸟纹。

第五期、第六期是唐汪式陶器色彩极浓厚的时期,它究竟应冠以何名称,我们将在文章的最后论及。我们曾经冠以"乙组"的名称。

第五期陶器墓共70座。其中竖井式17座,偏洞式52座,1墓不清。方向为西向墓46座,北向墓

14座，东向墓9座，1座不明。葬式为仰身葬23座，二次扰乱葬33座，迁葬10座，俯身葬和侧身屈肢葬各1座。这些葬式中合葬墓6座（有成人合葬、父子合葬、男女合葬）。该期陶器的器形较前期又有增大，多圈足器。小口双罐发展为两种支型。一种双耳特大，低于器口，耳部弯曲的弧度与腹部的弧度较为接近，腹部下垂的作风与已往所见的唐汪式陶器器形接近。另一种耳腹最大宽度接近。大口双耳罐，耳部稍长，腹部长圆。粗陶双耳罐腹部长圆。彩陶极少，仅见2件。纹饰为复线波折纹和复线方折纹。

第六期共118座墓。其中竖穴墓40座，偏洞墓76座，2座不详。方向西向10座，北向92座，东向14座（以北偏西45°为界），方向不明2座。葬式中仰身直肢葬30座，二次扰乱上肢葬46座，迁葬28座，侧身屈肢葬5座，侧身葬4座，侧身直肢葬2座，瓮棺葬1座，不详葬式者2座。其中迁葬、二次扰乱葬中有男女合葬、同性合葬、三人合葬墓各一座。这一期陶器从组合上看三大件往往不全，前几期零星出现的四耳罐本期稍多，又出现无耳罐、单耳罐、双耳杯、双耳钵、双耳直桶形杯以及明器小罐等。一般零星出现，组合不全。从器形上看，本期陶器与前期比较显得高大，形体变长。粗双耳罐耳部和腹部的附加堆纹不见，多戳点纹和划纹。小口双耳罐双耳特大，一种双耳降至腹部，一种双耳大于腹径，腹较长，耳断面加厚。大口双耳罐腹圆而下垂，腹部乳丁纹流行。一部分小口双耳罐彩绘，在紫红陶衣上施黑彩，主要图案是常见的唐汪式陶器涡纹，卡约文化传统的复线迴纹、斜线三角纹等仍有一定的数量，这种唐汪式的涡纹还见于四耳罐、双耳直桶形杯、腹耳小罐等。该期陶器的陶质除以夹砂夹陶末为主外，还出现一部分夹陶末的橙黄色陶。

第七期为辛店文化张家嘴期。陶器墓14座，其中竖穴墓6座，偏洞墓8座。方向为东向5座，北向7座，西向2座。葬式为仰身直肢葬4座，二次扰乱葬5座，迁葬4座，仰身葬（扰乱上肢）1座。

从以上对上孙家寨典型墓地的文化内涵的分析以及陶器墓的分期可知，其基本器物组合是贯穿墓地始终的。从器物的形态来说，都有一脉相承的演变过程。甲、乙两组居民的经济生活、饰物爱好、埋葬习俗都有较多的共同因素，所不同的是，作为乙组的五六两期，陶器形态发生了变化，与目前所知的唐汪式陶器的同类器物接近。并出现个别典型的唐汪式陶器。第七期与前述甲组区别较大，除了个别新的器型，并与辛店文化张家嘴类型的同类器物相似。

这些就是我们区分甲、乙两组的原因。（图十八）

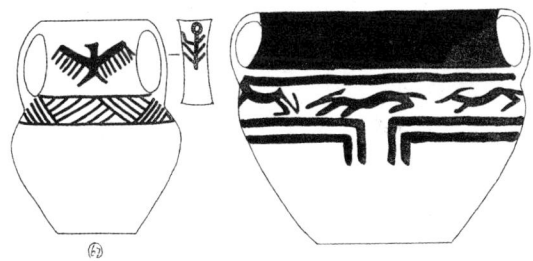

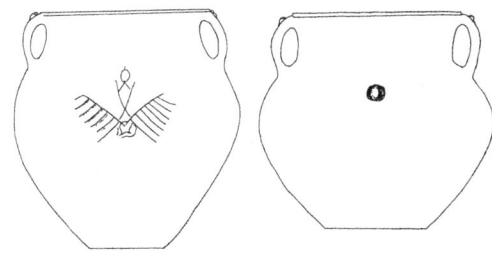

图十八　卡约文化上孙类型陶器

回纹彩陶罐

青铜时代卡约文化
海东市互助县五峰乡出土

高足彩陶双耳罐

青铜时代卡约文化
西宁市大通县上孙家寨出土

（2）阿哈特拉典型墓地分析

阿哈特拉山坐落在青海省循化撒拉族自治县街子乡托隆都村的南端。"阿哈特拉"系撒拉语"白土"之意。1980年4月，省文物考古研究所前往该地区进行考古调查时，在这座山的顶端发现了青铜时代的墓地。同年5～11月对这处墓地进行了正式发掘。

阿哈特拉墓发掘面积约8840平方米，墓地最长处达260米，最宽处达60米，最窄处仅8米，几乎包括了整个山顶。墓地南高北低，平面呈不规则长条形。在这一地域内共清理青铜时代墓葬217座。其中215座长方形竖穴土坑墓，两座瓮棺葬。

墓葬采用圆角长方形竖穴形制，大多具有木棺葬具。木棺采用榫卯结构，一般轮廓清晰，保存完好,用1～4块木板拼接,平面形状呈"日"形、"井"形和梯形。随葬品比较丰富的墓均有棺盖板和底板,一部分墓葬则未见底板和盖板。墓葬一般都具有熟土二层台,台面略与棺板等高。在二层台上放置羊角、卵石和随葬品,一般长2.6米、宽1.4米、深1.5米左右,合葬墓均稍长和稍宽。大部分墓葬陶器均放置在骨架脚部,一部分墓葬有脚坑,坑内放置陶器和葬品。墓室方向均为南北向。

葬式较为复杂,有仰身直肢葬,其中包括男性合葬、女性合葬、男女合葬、母子合葬、单人葬和家庭合葬等。二次扰乱葬和迁葬极为普遍,有的是一堆乱骨,散见墓室各处,有的身首异处,肢体不全,迁葬墓中完全没有骨架和随葬品的空墓也有一定数量。二次扰乱葬和迁葬中也存在单人葬、男女合葬、同性合葬、家庭合葬等不同情况,比例较大。值得注意的是,在甲组墓葬中出现了多组殉葬。其中有殉人头的,有人骨架与随葬品同置于熟土二层台上的,有的人架侧身屈肢置于墓主人的脚部。出现殉葬的墓,墓主人多为男性,都有较多的随葬品附葬,以在棺板上和二层台上放置大量的羊角作为财富的象征。

阿哈特拉山陶器的陶质普遍较粗,而且烧制不均,从素面陶器上可看出红陶上有灰色斑块,在残破器物上可看出有的是红陶灰心，有的是灰陶红心。

陶器纹饰除素面外，还有彩绘、绳纹、划纹、附加堆纹等。素面居多，彩绘次之，附加堆纹占一定比例，划纹最少。

彩绘图案主要有多线三角纹、网格纹、连续三角纹、连续"勿"形纹、动物纹、植物纹、多线波折纹、平行线纹、双线连续回纹、双线连续菱纹、涡形纹、拟虫纹等。

阿哈特拉山发掘的这批资料，无论从墓形、墓向、葬俗来看，绝大多数无明显差别，并且同处一个墓地。然而墓中的随葬品，尤其是陶器却与上述相反，明显地可以分为甲、乙两大组陶器群。

根据墓地的地层层位关系和陶器的类型学研究，我们将甲乙两大陶器群分为八组，前五组属于甲群，后三组属于乙群，这八组单位的器物构成一系列渐变的过程，而且互有交错，它们之间存在着内在的、必然的联系，给整个陶器群的分期断代提供了重要的基础。在此基础上分为五期，现将各期的主要内涵及其特征进行归纳。

第一期：陶质以细泥质红陶为主，也有夹砂红陶及部分灰皮泥胎陶。纹饰除素面外，还有绳纹、堆纹、划纹和彩绘四种。划纹多为多线波折纹、连勾纹。

彩绘图案为多线三角纹、网格纹、连续三角纹和彩绘符号。器物特点是：大口双耳罐为高领、侈口、折腹，腹大径靠下，底外部无明显圈足，颈与上腹部不甚分明。小口双耳罐为高领、鼓腹、敞口，底外部无明显圈足。腹部、颈部、耳部一般饰有划纹。堆纹口沿罐为侈口、折腹，底外部无明显圈足，通体饰有绳纹。这期器物折腹作风明显。

第二期：陶系与第一期略同。但由于属于夹砂红陶的新器形出现，又出现了一些新的纹饰。划纹中出现刻划符号，彩绘中出现连续勿字纹、动物纹、植物纹、新的彩绘符号、连点纹、波折纹、平行线纹。绳纹多施于堆纹口沿罐的下腹部。器形特点是：大口双耳罐形体呈盆状，口略侈，颈部不明显，耳部较小；另一种体略呈方形，颈部出现，腹大径上升，底外部圈足出现。小口双耳罐颈部出现，底外圈足明显，腹大径略靠上。堆纹口沿罐颈部不明显，腹大径靠下，绳纹多施于下腹部；另一种为直口，出现颈部，腹大径略靠上，底部圈足出现，部分器物绳纹消失。新出现腹耳壶，有四种：一为侈口、短颈，腹略折；二为敞口颈加长，腹部较圆缓，部分器物底部出现圈足；三为侈口、短颈，底外圈足不明显；四为颈部加长，圈足明显。双耳罐口部略侈，双耳垂肩，腹大径靠下，颈部较直。大口瓮短肩、大口，颈部不明显。并普遍出现明器小罐，个别墓葬出单耳杯。

第三期：陶系基本与前期相同，但出现少量细泥红陶。纹饰中划纹、绳纹显著减少。彩绘图案中动物纹、网格纹、复线三角纹极少见。连续勿字纹为主要纹样，个别器物出现菱纹。陶器主要特点是：大口双耳罐口沿外翻，颈部突出，耳部增大，底部圈足明显，腹部略呈方或长形。小口双耳罐直口，体部加长，肩领分明，耳部增大，鼓腹，划纹多消失，腹部最大径靠上。堆纹口沿罐形体加长，颈部加长，肩领分界较明显，腹部微鼓，绳纹多消失，腹大径靠上。腹耳壶直口，肩领分明，腹呈方形，底部圈足明显。双耳罐口沿外翻，颈肩分明，鼓腹。瓮颈部加长，口部较小，形体像壶。亦有部分明器。还新出现了小口瓮、双耳堆纹罐、双耳折肩罐、白陶皮小口双耳罐等较特殊的器物，形态变化是器身普遍加高，形体较大，颈部加长，腹呈方形或球形。

第四期：陶质普遍细化，由于夹砂陶的某些器类消失或减少，所以夹砂陶的比例也略有减少。纹饰中网格纹、双线波折纹基本消失。但勿字纹、平行线纹仍占一定比例。菱纹普遍出现，新出现蛙纹、双线回字纹、拟虫纹。前期的附加堆纹由锯齿形演变成窄带形，并新出现乳丁纹。

前一期的器类多消失。陶器特点是：大口双耳罐形体瘦长、双大耳。腹耳壶口变粗，腹加大。小口瓮溜肩，颈与肩无明显分界，部分瓮口饰一周堆纹。双耳罐耳在上腹部，耸肩，敞口。双大耳罐分为四种，一种侈口，双耳垂至肩部，腹微鼓，耳截面呈扁方形。一种束颈、敞口，腹部浑圆呈球状。双大耳灰陶罐长腹、短颈，耳相对小，口部侈。另有球腹罐和直颈壶。主要形态是器身普遍加长，溜肩。

第五期：陶系承上期，但细泥红陶显著增多，彩绘符号，菱纹、拟虫纹、蛙纹比上期相对减少。新出现的圆涡纹，类"S"纹占主要地位。附加堆纹带有小錾。陶器主要特点是：一种双大耳罐腹部较圆缓，一般以圆涡纹为主题花纹，体更瘦长；一种颈部加长约占整个器身的2/3，双耳垂至腹部，且低于口沿，耳截面多呈三角形，最大腹径靠下；一种腹大径靠上，颈与腹连为一体，整个形体瘦长。双大耳灰陶罐颈部和耳部均加长、双耳低于口沿，有的颈与腹连为一体。小口瓮耸肩，颈与肩分界较明显，口部不见附加堆纹。腹耳壶口更粗、颈与腹连为一体，瘦长。承上期的还有单耳杯、直颈壶、球腹罐等。平底器增多亦为本期陶器的特点（图十九）。

鹿纹罐

青铜时代卡约文化
海东市循化县街子乡阿哈特拉山出土

大角盘羊纹双耳罐

青铜时代卡约文化
海东市循化县街子乡阿哈特拉山出土

奔羊纹双耳罐

青铜时代卡约文化
海东市循化县街子乡阿哈特拉山出土

图十九 卡约文化阿哈特拉类型陶器

以上分析研究了阿哈特拉山陶器群的分期，其中前三期，属于甲组，后两期属于乙组。前三期卡约文化因素较纯，第四期就以彩陶为主，但这种彩陶不同于唐汪式陶器，而是以双线菱格纹、双线连续凹字纹等纹饰为主，其双大耳罐等器形，显然与唐汪式双大耳罐有密切关系。第五期墓的早段，则是类似四期的那种双线菱格纹彩陶与唐汪式的旋涡纹彩陶并存，还有一种在白衣上施以红、黑双色相间的波形纹彩陶，颇有辛店文化张家嘴类型的风格。第五期晚段则出现唐汪式陶器，没有出现辛店文化张家嘴类型的陶器。

经济类型与生活习俗

从对两类型墓地文化内涵的分析中可以明显地看出，两种不同的类型在文化面貌上具有许多共同的特点，这些特点表现在：

经济生活以农业和畜牧业为主或称半农半牧。粟类作物是当时居民种植的最重要的一种粮食作物，在两个墓地中都有发现。墓中多见青铜器。常见的有刀、镰、戈、矛、钺、镞、铃、泡、联珠状臂饰、镜等（图二十），多工具、武器和服饰用物，

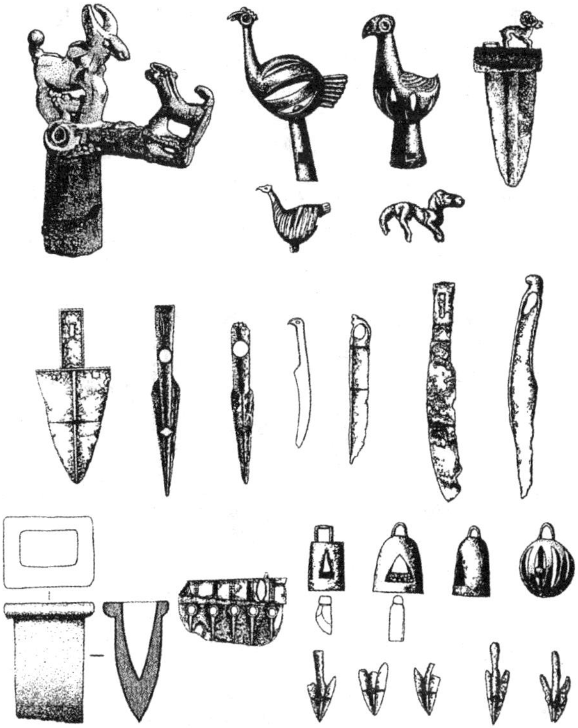

图二十　卡约文化铜器

不见容器，更无铁器，可见同处于青铜时代。铜的出现在那种原始社会的工艺技术上是一个飞跃，但制造铜器的工艺还比较粗糙，主要采用模铸工艺，两地的青铜制品均简单、粗糙。在遗址和墓葬中常见石质的敲砸器，磨制的穿孔石斧和半月形石刀，还有黑曜石和燧石的细石器。这些石器和青铜工具，既有畜牧、狩猎用物,又有农耕工具。墓地中习用羊、牛、马、猪、狗和鹿等野生动物的肢体随葬,加之彩陶上多见的羊、鹿等动物图案,说明卡约文化的经济应是半农半牧和兼有狩猎,但总的来看,畜牧业异常发达。正因为有如此发达的畜牧经济,遗址的堆积一般都较薄,表明其居民一般不在一个地点长期居住。

手工业发展水平也较一致,两墓地都普遍出土有针、纺轮等,纺织手工业有一定发展(图二十一)。陶器的制作方法均为手制,用泥条盘筑法制成。其陶系、陶质和器型上均有较强的一致性。两墓地都以双耳器为特色。如盛置牲肉用大口双耳罐,装水酒用小口双耳罐或双大耳罐,炊器普遍采用粗陶。从墓地情况看,几乎没有细泥陶,即使是最细致的泥质陶,质地也比较粗糙。夹砂粗陶的羼和料有砂粒和陶末、云母片等。泥质陶多红胎,但也有灰陶和灰皮陶。粗陶往往因火候不匀而烧成颜色斑驳的红褐色或褐灰色。器皿种类简单,圈足器数量较多,平底器数量较少。二地均以所谓"三大件"陶器为基本组合,随葬品组合在各期中基本无变化,说明了各期文化的直接继承性。陶器的陶色特征、着陶衣的方法、彩绘的纹样均有较强的一致性。

人字纹铜鬲

青铜时代卡约文化
西宁市鲍家寨出土

鸟形铜铃

青铜时代卡约文化
西宁市湟源县大华中庄出土

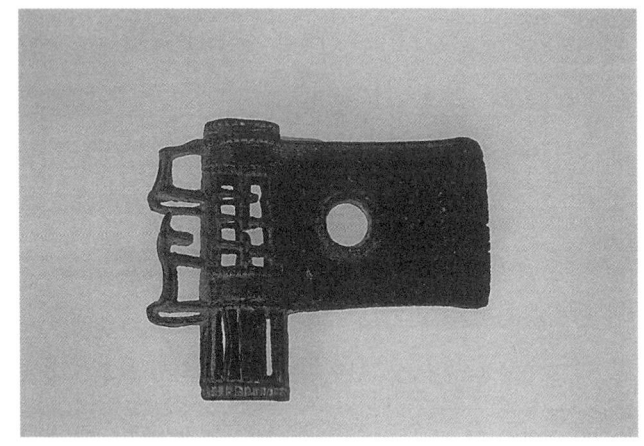

铜钺

青铜时代卡约文化
西宁市湟中县共和镇前营村发现

角援铜戈

青铜时代卡约文化
西宁市大通县上孙家寨出土

双面铜凿

青铜时代卡约文化
海东市化隆县雄先乡上半主洼村出土

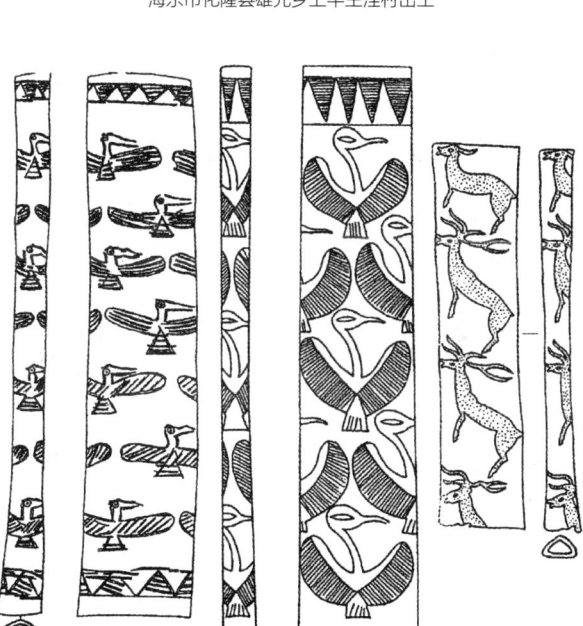

图二十一　卡约文化骨管

两个墓地的居民都喜用绿松石珠、玛瑙珠、石珠、甲泡、手锡、铜饰和兽牙饰等作为佩戴的装饰物，审美趣味和习惯相同，且都具有既可以作为装饰又可用来交换物品的真贝、石贝和骨贝。随葬品中，类别、数量的多少，证明财富的增长与聚集的不平衡日益显著，两种类型都出现了明显的贫富分化和等级差别，可以暗示出原始公社在崩溃中的事实。

从埋葬习俗上看，两墓地的居民都习用土葬，墓穴多为长方形竖穴土坑，使用木棺葬具较为普遍。葬式中以仰身直肢、二次扰乱葬和迁葬为主。单人葬、男女合葬、同性合葬两地都有一定的数量，这是墓主人具有共同信念的反映，埋葬习俗基本相同。

两种不同的类型还存在着一定的差异，这些差异表现：

墓葬形制上存在的差异。上孙家寨类型的墓葬，竖穴土坑和竖穴土坑偏洞式墓是主要墓型，偏洞式墓贯穿墓地的始终。有木棺葬具的墓数量较少。而阿哈特拉类型则普遍流行竖穴墓，大部分墓葬有木棺葬具，而不见偏洞式墓。上孙类型墓葬形状不规整，而阿哈特拉类型墓葬规则、整齐。

埋葬方式上存在的差异。上孙类型存在一定数量的俯身葬，阿哈特拉类型未见俯身葬。阿哈特拉类型出现了多组殉葬,而上孙类型未见殉葬。阿哈特拉类型墓葬墓向都为南北向,而上孙类型墓向基本为东西向。在上孙墓葬中,有的妇女随葬的青铜饰物极为丰富,上孙723号墓的主人,身上竟佩有铜泡四百余件;1026号墓的主人,身上也有铜泡及充作臂饰的小铜牌五十多件。这种厚葬的现象说明上孙类型在一定程度上保留了母权制。而阿哈特拉类型墓葬中,男子厚葬的现象较为突出。这在一定程度上反映了卡约文化社会发展的不平衡性。

年代以及与其他考古学文化的关系

关于卡约文化年代的估计。在上孙家寨墓地中,卡约文化墓葬叠压于齐家文化层之上,卡约文化墓葬打破了齐家文化灰坑,因而卡约文化的上限不会早于齐家文化。有关齐家文化的年代,一般认为相当于中原地区龙山文化的晚期,即夏代末年,或可延续到商代。因此,卡约文化的上限不会早于夏代。

在上孙家寨和阿哈特拉山墓葬碳-14测定数据中,有的因缺乏随葬品,期别不明;个别的显著偏早。就期别清楚、矛盾不大的部分看,阿哈特拉二期早段(卡约中期偏早)的M12为距今3555±130年(已作树轮校正,以下数据同),五期晚段(辛店的唐汪期)的 M158 为距今 2800±140 年,上孙家寨的六期早期(辛店的上孙期)的 M333 为距今 3080±120 年,同期同段的 M979 为距今 2650±130 年,六期晚段(上孙期偏晚)的 M989 为距今 2500±130 年。

距离这个地区还远的甘肃永靖至青海乐都一带的齐家文化,现知的碳-14 年代数据为:齐家早期的乐都柳湾 M266 为距今 4205±140 年,典型齐家的永靖大何庄 F7 为距今 4000±115 年和距今 3965±115 年,齐家晚期的柳湾 M392 为距今 3865±155 年。

对照这两批数据,大致可知阿哈特拉和上孙家寨卡约一期的年代,约为距今 3600~3800 年左右;辛店唐汪期和上孙期为 2500~2700 年左右。以此为起点,便可推知阿哈特拉第四期大体为距今 2800~2900 年左右,卡约文化的结束时间即在此以前不久。

这样的测定结果,大体表明卡约文明存在的时间相当于夏代末至西周时期。阿哈特拉第四期相当于西周中期前后,唐汪和上孙期相当于西周晚期至春秋中期左右。

关于卡约文化同唐汪式陶器的关系问题。唐汪式陶器常与卡约文化或辛店文化共出,前一种情况多见于青海省境内的黄河流域和湟水流域，后一种情况主要发现在甘肃省境内的洮河、大夏河流域。

在甘肃永靖张家嘴遗址发掘中，唐汪式陶器与辛店乙组共存在于同一个文化层。这种情况后来又有多次发现，如东乡崖头辛店乙组墓中亦有唐汪式陶器与之共存，因而一般把唐汪式陶器归入辛店文化。

由于大通上孙家寨与循化阿哈特拉墓地的发掘，使我们能够从整体上来认识唐汪式陶器及其文化内涵。上孙墓地唐汪式陶器墓打破卡约文化墓有七组（而且根据卡约文化墓基本为南向，而唐汪墓为北向的特征，上孙不出陶器的墓基本为西向墓打破北向墓）而不见卡约文化墓打破唐汪墓，这样便在层位上规定了唐汪式陶器墓晚于卡约文化墓。根据上孙家寨与阿哈特拉山两墓地的陶器分期可知，唐汪式陶器又与卡约文化是一脉相承的一个文化系统的不同发展阶段。

继大通上孙家寨、循化阿哈特拉墓地发掘之后，有的研究者根据湟中县李家山卡约村、湟源县大华中庄墓地的发掘又新提出卡约文化的卡约、大华中庄两个类型。两个地点的发掘材料都部分或全部地发表，并将海南藏族自治州贵德县山坪台墓地归入卡约文化大华中庄类型。我们认为无论从墓葬形制、葬俗和葬式、随葬品组合等方面看，大华中庄均未超出上孙家寨类型的范畴，根据陶器区分的三期，相当于大通上孙家寨墓地分期的四期、五期、六期。因此，应属卡约文化上孙家寨类型。

我们认为，下西河墓群无论墓葬形制、葬俗和葬式、随藏品基本组合和形制特点，亦未超出上孙家寨类型的范畴，分期亦与大通上孙家寨墓地相同，因此，应属于卡约文化上孙家寨类型。

至于将海南藏族自治州贵德县山坪台墓地归入大华中庄类型亦显得论据不足。

我们认为大华中庄墓地、下西河墓地应归入卡约文化上孙家寨类型，并不否认其还存在着自身的特点。如大华中庄的三角形墓，为上孙类型少见，陶器一般较小，有明器化意味等。

大华中庄墓地和下西河墓地的发掘，丰富了上孙家寨类型的内容。

卡约文化的类型，可能还不止这两种。其实，如果再扩大一点范围来考察，甘肃洮河流域的寺洼文化甚至更东部的安国式遗存、青海都兰县诺木洪文化的遗存，也可以说同卡约文化是一种文化的不同类型，是一个大文化区中的不同小文化。

寺洼文化的陶器不见轮制，存在着一定数量的黑皮陶。卡约遗存中亦存在着寺洼文化中特别发达的马鞍口形器，不过数量较少。说明了它们之间重要的亲缘关系。

诺木洪文化的陶器，器型中大口罐、双耳罐等与上孙类型同类器物极为接近。侈口罐等也见于上孙家寨墓地。诺木洪还出土有1件铜凿，同阿哈特拉墓地 M5 出土的铜凿相同。塔里他里哈出土的一件铜钱，同上孙家寨类型的湟中县卡约文化遗址出土的一件铜钱形制上完全一样。该文化出土的石器都接近卡约文化的石器，显然表明诺木洪文化与卡约文化关系密切。

三、辛店文化

发现与发掘

辛店文化因 1924 年在甘肃省临洮县辛店村首先发现而得名。辛店实为辛甸之误，因"甸"与"店"同音，在《甘肃考古记》一书中译为辛店。学术界一直沿用这个名称，未予以修改，我们亦从惯称。辛店旧属洮沙县，1951 年甘肃省行政区划调整，把洮沙县并入临洮县。

新中国成立后,考古工作者对辛店文化遗存做了大量的普查和发掘工作。1973—1980年,在大通县上孙家寨墓地发掘张家嘴类型墓14座、唐汪式陶器墓188座。1974—1978年,在青海柳湾墓地发掘过程中,发现了辛店文化墓5座。1978—1980年,在民和县核桃庄小旱地先后进行三次发掘,发现辛店文化不同类型的墓葬共367座,出土陶、石、骨、铜器等随葬品共2675件,仅陶器一项就达540件。1980年,在核桃庄山家头清理墓葬33座。1982年,在民和县马厂垣乡下川口村簸箕掌遗址发现辛店文化石棺墓。

辛店文化的分布范围比较广泛,在黄河上游及其支流渭河、洮河、大夏河、湟水等流域都有疏密不同的分布,其中大夏河和湟水流域的分布比较集中。其地望包括甘肃、青海和陕西三省,涉及的县市有22个。辛店文化分布的具体情况,据《略论辛店文化》与《辛店文化研究》两文附录《辛店文化遗址统计表》统计,在甘肃境内共发现辛店文化遗址160处,在青海境内据《中国文物地图集·青海分册》文物单位简介与《辛店文化研究》统计共193处。在陕西境内有宝鸡市3处(不完全统计)。合计356处。经过发掘的有张家嘴、姬家川、莲花台、崖头、马路源、核桃庄、上孙家寨、柳湾、阿哈特拉等10余处。

类型与分期

辛店文化的类型与分期工作，在山家头墓地尚未发现前，考古界一般都认为可把辛店文化分为张家嘴与姬家川两个类型。1980年发掘山家头墓地，发现随葬陶器既具有辛店文化的特征，又有齐家文化的因素，并有一批独特的器物群。因此，发掘者把山家头出土的这类文化遗存命名为"辛店文化山家头类型"。这样就由原来两个类型增加为三个类型。这三个类型的划分，为学术界大多数人所认可。

1. 山家头类型

山家头类型因在青海省民和县核桃庄村山家头首先发现而得名。主要分布在黄河上游及其支流洮河、大夏河、湟水流域。共发现10多处遗址，经过发掘的有临夏莲花台、民和山家头和乐都柳湾等多处。

山家头类型的墓葬形制以长方形竖穴土坑墓为主，少数为椭圆形土坑墓，墓向以东北—西南向为主，未发现葬具。葬式以单人仰身直肢葬为主，少数则为侧身直肢葬、俯身葬和二次葬。墓中多有陶器等随葬品。

山家头墓葬陶器可以划分为两类。第一类遗存以M4、M5、M23为代表,多见泥质红陶双耳罐、红陶钵、堆纹口沿罐、瓮等。绝大多数器物为平底,很少圜底。器物的底与器身一般是分制而成,为器底平托器身。器表除绳纹和附加堆纹外,皆为素面。这类遗存有较浓厚的齐家文化遗风。第二类遗存以M26为代表,民和核桃庄M360也可归入此类。常见的器物有双大耳罐、绳纹双耳罐、钵;各类器物圜底和凹底,彩绘较发达。大体上相当辛店文化分期中的第二期(图二十二)。

彩陶靴

青铜时代辛店文化
海东市乐都区柳湾遗址出土

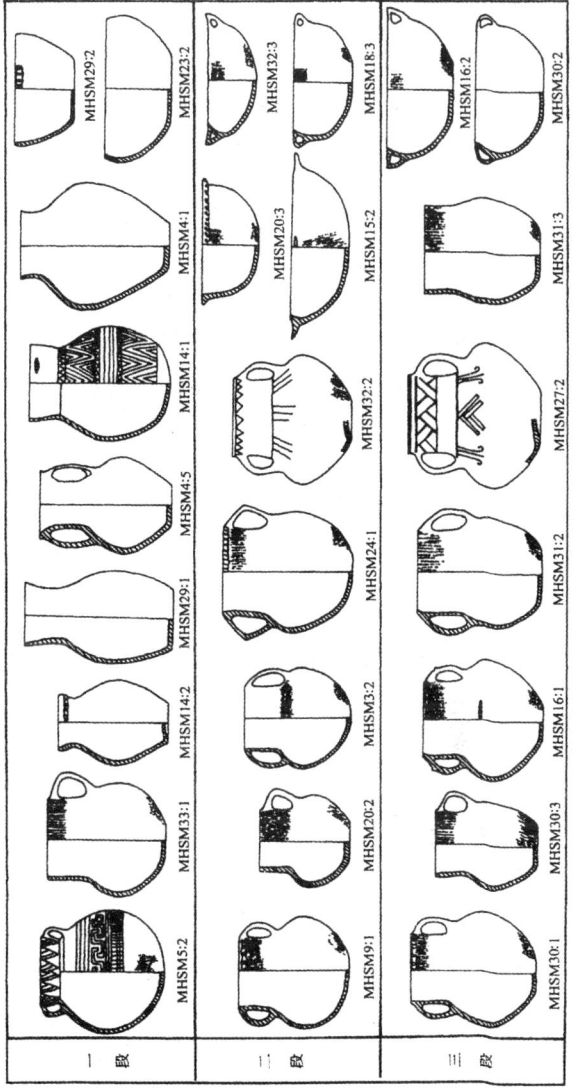

图二十二 辛店文化山家头类型分期图

2. 姬家川类型

姬家川类型因在甘肃省永靖县白塔乡姬家川村首先发现而得名。姬家川类型有长方形半地穴式建筑遗存和窖穴等遗迹。墓葬形制以竖穴土坑墓为主，部分为偏洞墓和带龛墓，方向多东北—西南向，葬式有仰身直肢葬、侧身屈肢葬和二次葬等多种形式，以仰身直肢葬为流行葬式。墓葬内一般都有随葬品。有大量完整的陶器，陶器表面多装饰有绳纹和彩绘等纹饰。据姬家川遗址统计，绳纹占全部陶片的 53.73%，彩绘占 40.42%。绳纹细密整齐，多作竖行排列。彩绘纹样有连续回纹、单彩双勾纹、波折纹、锯齿纹、三角纹和垂线纹等，在陶器的耳把上有类似文字的符号花纹，如"T""个""X""S""水""兀"形等。人像形和犬形、拟蛙形等动物形花纹常见。装饰的突出特点是采用彩绘和绳纹相结合的手法，即在拍印有绳纹的器表上描绘彩纹。陶器造型以凹底器为主。主要器类有单耳杯、双耳彩陶罐、双大耳罐、腹耳瓮、双耳袋足鬲和环形捉手器盖等。饰有单彩双勾纹的双大耳罐、双耳袋足鬲、彩陶鬲和腹耳彩陶瓮等是姬家川类型最有代表性的器物。

遗址陶器无论从器型还是从花纹上看，均具有早期的作风，相当于辛店文化序列的第四、第五期，早于张家嘴期。

辛店文化遗存的碳-14数据,山家头类型的年代,大体在距今3600～3400年。姬家川类型的年代大致为距今3400～3200年之间。而张家嘴类型,皆出"唐汪式"陶器,数据测定年代相当于西周末年到春秋时期。

既然第四期落在商代晚期,第七期第十段落在春秋初年,其第一期至第三期的早期阶段,大致相当于商代中期前后,第五期至第七期第九段的年代当通贯整个西周时期。这样整个辛店文化的第七期第十段,大约经历了近千年的时间(图二十三)。

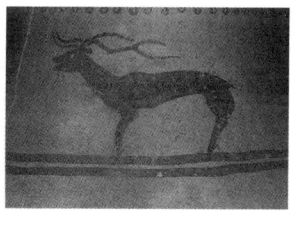

局部放大

鹿纹彩陶瓮

青铜时代辛店文化
海东市乐都区双二东坪遗址出土

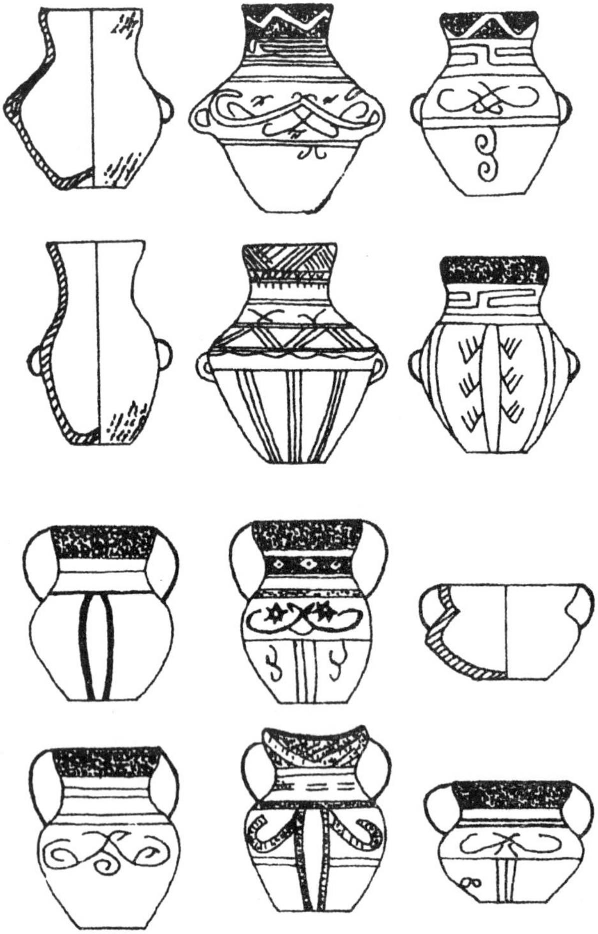

图二十三　辛店文化姬家川类型陶器

单耳彩陶杯

青铜时代辛店文化
海东市民和县核桃庄小旱地出土

3. 张家嘴类型

张家嘴类型因在甘肃省永靖县河东乡张家嘴村首先发现而得名。出土的陶器以夹砂红褐陶为主,多素面无纹,彩绘占一定比例,少数饰有绳纹、划纹、附加堆纹等。据张家嘴出土的陶片统计,素面占陶片总数的 51.44%,彩绘占 39.26%(图二十四)。

双耳彩陶罐

青铜时代辛店文化
海东市民和县核桃庄出土

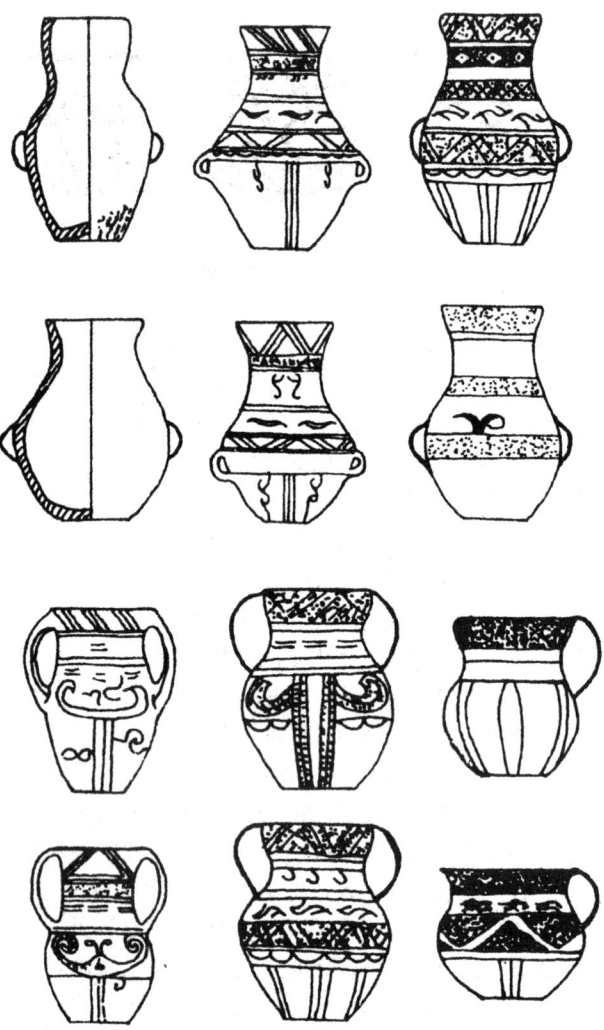

图二十四　辛店文化张家嘴类型陶器

张家嘴类型常见的陶器有双大耳罐、腹耳壶、盆、罐、杯、盘、鬲等,器型一般多平底,并有少量圜底和三足器;陶器一般有橙白色陶衣,上绘各种黑彩纹饰,常见的纹饰有双勾纹、太阳纹、波浪纹、网格纹、云雷纹等,多复线彩。还有一部分红衣黑彩的"唐汪式"旋涡纹,也有菱格纹、S纹、勿字纹等,这些陶器,相当于辛店文化分期序列的第七期(图二十五)。

图二十五 唐汪期陶器

涡纹筒状彩陶杯

青铜时代辛店文化
西宁市大通县上孙家寨出土

涡纹双大耳罐

青铜时代辛店文化（唐汪类型）
海东市互助县张卡山出土

经济形态与生活习俗

在辛店文化遗址中发现有房址、窖穴等建筑遗迹。但房址数量较少，窖穴较多。据张家嘴、姬家川和莲花台三处遗址统计，共有房址2座、窖穴425个。姬家川遗址发现的房址（F2）保存较好，为半地穴式长方形房子，长4.6～5米，宽3.3～3.5米。门向西南，有斜坡状门道。在居住面中间有一锅形灶坑，直径1米。遗址中窖穴分布很密集。按其形制可分为锅形、袋形和长方形三种，以大口的锅形窖穴为主，周壁一般都较整齐。窖穴内出土较多的陶片。

辛店文化居民的经济生活以农业为主，兼营畜牧业。生产工具既有石制的，也有骨制的。石器的种类较多，有斧、锛、铲、刀、杵和臼等。石斧分为梯形、长方形和带肩斧等几种，在斧的顶端或柄部有肩或附有突棱，可能是为了便于用手握持或装柄。骨器主要是用动物肩胛骨或下颌骨制成的铲。普遍发现石杵和石臼等粮食加工工具，说明当时居民对粮食有了比较精细的加工。

居民在经营农业的同时，也进行畜牧、狩猎等活动。张家嘴和姬家川等遗址出土大量的动物骨骸，经鉴定其种属有牛、羊、狗、猪和马等；以羊为主，猪次之，这些多是被畜养的哺乳动物，另有鹿和鼠等，鹿是人们狩猎的主要对象。在莲花台遗址出土一枚骨哨，呈圆管形，中间有一音孔，通体磨光，长5.7厘米，径1.7厘米。骨哨既是一种古老的吹奏乐器，又是人们狩猎的辅助工具。这可在民族志的材料中找到例证。例如鄂温克人在每年八九月间鹿交配的季节，用木哨吹出母鹿的叫声后，可诱出公鹿，猎人可伺机捕杀。据研究，最原始的哨只有吹孔而无音孔，后来随着社会的进步和音乐的发展，乃逐渐增加音孔并横向发展。这里发现的只有一个音孔，说明它还处于比较原始的阶段。

制陶业比较发达，在小旱地和姬家川等遗址出土了大量的陶器，仅小旱地一地出土完整陶器就达540件。并且陶器器类比较齐全，既有平底器和凹底器，又有圜底器、圈足器和三足器等，用于生活的各个领域。如饮食器有碗、钵、盘、杯等，水器有罐、壶等，炊器有鬲、鼎、甑等，储藏器有大型的瓮和罐等。器形大小甚为悬殊，小者器高不到10厘米，大者器高可达50厘米。造型以带耳把的多，尤其双耳罐、双耳壶和双耳鬲等最为常见。陶器中彩陶占较大的比例。据张家嘴和姬家川等遗址出土的陶片统计，彩陶占全部陶器的40%，小旱地墓地出土的彩陶占陶器总数的90%以上，这是辛店文化中彩陶比例最高的一个地点。彩绘花纹有连续回纹、波折纹、平行条纹、垂线纹、双勾纹等几何纹和犬、羊、拟蛙等动物纹。其中形似一对羊角的双勾纹最为常见，是辛店文化的重要标志性花纹。之所以流行这种双勾纹纹饰，可能是与当时人们普遍养羊或牧羊的习俗密切相关。

彩陶中有不少精美的工艺品。甘肃东乡盐场遗址出土的大口罐，下腹部绘一周犬纹，上腹部绘连续回纹，口径11.5厘米，高9厘米（图二十六，1）。张家嘴遗址出土的双大耳罐，腹部双钩纹上绘有犬纹，口径13厘米，高17.6厘米（图二十六，2）。民和边

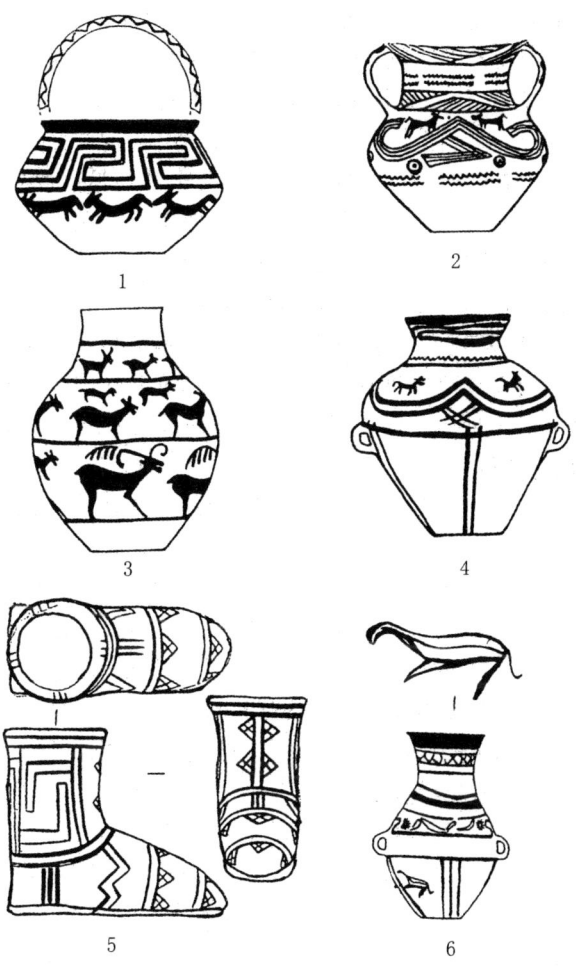

图二十六　辛店文化彩陶动物纹与彩陶靴

1. 罐　2. 双大耳罐　3、4、6. 壶　5. 靴

（1、6. 甘肃东乡盐场出土，2. 甘肃永靖张家嘴出土，
3. 青海民和边墙出土，4. 甘肃永靖马路塬出土，5. 青海乐都柳湾出土）

墙村遗址出土的壶，腹部绘犬、羊、鹿三排，之间用横线隔开，口径8.1厘米，高22.2厘米（图二十六，3）。永靖马路塬遗址出土的壶，腹上部绘有犬纹，口径15.3厘米，高32厘米（图二十六，4）。东乡盐场出土的壶，腹上部绘太阳纹，腹下部绘一长颈动物纹，口径13.8厘米，高32.4厘米（图二十六，6）。在柳湾村北部台地上曾发现一件彩陶靴，其造型与长筒靴相似，通高11.6厘米，底长14.6厘米，器表彩绘回纹和三角纹等组成的几何形图案。这件珍贵文物对复原辛店文化居民的鞋履形式提供了实物标本（图二十六，5）。

作为生产力发展重要标志的冶铜业，辛店文化比齐家文化有了更进一步的发展。齐家文化以红铜器为主，辛店文化却以青铜器为主。其器类除锥、刀、矛、凿、铃、泡等小铜器外还发现铜罐、铜器口沿片和铜渣等。铜罐征集自临夏县莲花台东沟老爷坟。经北京钢铁学院冶金史组进行原子吸收光谱定量分析，鉴定为锡青铜。铜渣附于炉衬残块上。经光谱定性分析，铜渣的矿物组成为黏土、石英、莫来石，其次有赤铁矿、赤铜矿和孔雀石等。莫来石熔点较高，开始形成温度在1000度左右。由此可见当时耐火材料已达到一定的水平，作为原始使用的金属铜已从天然阶段进入到冶炼的阶段。铜渣的发现说明这里的铜器系当地生产,并非从外地交换来的。

辛店文化墓葬材料较为丰富,除姬家川、崖头和柳湾遗址发现的以外,在上孙家寨、山家头、小旱地和莲花台等遗址还发现有规模较大、保存较好的氏族公共墓地。据已发表的资料统计,迄今已发掘的墓葬共633座,计小旱地367座,山家头33座,柳湾5座,崖头4座,姬家川1座。墓葬形制主要是长方形竖穴土坑墓,次为偏洞墓和带龛墓,有少量的石棺墓。在小旱地发现带头龛墓94座,带脚坑墓5座。头龛一般位于人骨架头部一端的坑壁上,脚坑挖在人骨架脚端。龛内一般放有陶器等随葬品。墓坑方向多呈东北—西南向。有的墓坑设置二层台。葬具有箱式的木棺和木椁,木棺四角采用榫卯结构。葬式比较多样,有仰身直肢葬、二次葬、侧身屈肢葬、俯身葬等,以仰身直肢葬为主要葬式。墓内一般都有随葬品,一般是陶器3件,少者1件,多者5~6件,最常见的是双耳罐、盆、腹耳壶或瓮等陶器。还有石器、骨器和装饰品等小件器物。

装饰品丰富多彩,发现的数量多,品种齐全。仅小旱地一处,出土的石珠即达1800颗,最多的一座墓出土676颗,该墓地还出土玛瑙珠20余颗,骨珠

710颗，铜泡50颗，有孔铜片85片，穿孔绿松石10余颗。其他墓地还出土骨管、骨笄、铜珠、铜铃、铜扣、铜管、陶环、石环、穿孔蚌饰、穿孔圆骨饰等装饰品，均小巧玲珑，制作精致美观。

民和簸箕掌遗址清理一座石棺墓，墓室作长方形，长1.80米，宽0.48米，深1米。石棺用7块石板拼砌而成，石棺高0.40～0.50米。单人仰身直肢葬，头东脚西，随葬双耳圜底罐和腹耳彩陶罐各一件，分别放在头部附近和脚旁。石棺葬在甘青地区比较少见，尤其是辛店文化尚属首次发现。

文化渊源

关于辛店文化的渊源问题，学术界也曾有过不同的认识。安特生当年从彩陶发展关系中得出认识，认为马厂期文化发展为辛店期文化。20世纪50年代，有的研究者认为齐家文化与辛店文化有关系，后来随着对辛店文化自身研究的深入，一般研究者主要是在姬家川类、张家嘴类、唐汪类遗存的早晚关系上展开争论。1980年，青海民和山家头墓地的重要发现，使对辛店文化渊源问题的研究有了突破性进展。山家头类型的年代为距今3600～3400年，这与齐家文化晚期阶段的下限年代已相差不远。在永靖大何庄、广河齐家坪墓地的齐家文化晚期遗存中，已经出现了部分圜底作风的器类和一些彩陶因素，这些特点在山家头墓地第一段遗存中表现得更加明确。虽然部分陶器形制的演变还有缺环，但作为辛店文化早期遗存主要特征的通体饰绳纹，器形以罐类为主，罐耳上部通常与口沿齐平，圆腹圜底居多等作风，均可以从齐家文化晚期遗存中找到来源。在湟水流域发现的辛店文化早期遗存有较多彩陶因素，部分与齐家文化晚期遗存的彩陶接近。而更多的纹饰则近似于马厂类型彩陶的风格。从对齐家文化彩陶来源的分析中我们知道，它主要来自马厂类型遗存的影响。因此，可以这样认为，辛店文化早期遗存中的彩陶因素直接来源于齐家，而间接来源于马厂。辛店文化中期姬家川类彩陶的繁荣，当是其自身发展的产物。在甘肃东部存在的辛店文化早期遗存曾被认为与先周文化有密切联系。实际上所谓晁峪－石咀头类遗存与辛店文化早期类型遗存的相似，应该反映了同一时代的同一作风，换句话说，晁峪－石咀头类部分遗存的年代应接近辛店文化早期遗存的年代，其来源应与当地的齐家－客省庄二期文化系统有联系，依据目前材料所反映的线索，把辛店文化的来源主要归结为齐家文化晚期遗存的分化发展,当是一种比较切合实际的认识。

辛店文化与卡约文化有着密切的关系,两者分布区域比较接近而互有交叉,在文化面貌上有一些共同点。如两者均常见双耳罐和双大耳罐,罐的底部内凹或类圈足状。而这种特征的陶器不见于其他文化遗存,只见于辛店文化和卡约文化中。这或许说明它们之间有着密切的文化交流关系。

四、诺木洪文化

发现与发掘

诺木洪文化因在青海省都兰县诺木洪塔里他里哈首先发现而得名。诺木洪塔里他里哈遗址是1957年青海省文化局工作组在柴达木地区进行调查时发现的。这个地区过去未进行过考古调查或发掘工作,因此,该遗址的发现填补了该地区史前考古的空白,揭开了该地区开展考古研究工作的序幕。

1957年,青海省人民政府把诺木洪塔里他里哈遗址列入省级重点文物保护单位。1959年,青海省文物管理委员会复查了诺木洪塔里他里哈和巴隆、香日德三处遗址。诺木洪塔里他里哈遗址位于柴达木盆地的东南部，西距格尔木市140多公里。遗址海拔2780米，面积约5万平方米。巴隆搭温他里哈遗址位于塔里他里哈遗址的东南部，采集有陶片和毛线绳等遗物。香日德下柴克遗址位于香日德镇西15里，发现土坯墙和袋状灰坑等遗迹和角铲、骨铁、陶罐等遗物。这两处也均属于诺木洪文化遗存。

1959年，青海省文物管理委员会和中国科学院考古研究所对诺木洪塔里他里哈遗址进行发掘，发现土坯围墙1座、房址11座、圈栏1座、土坯坑9个及瓮棺葬3座，还出土了一批石、骨、铜、陶器等文化遗物。

诺木洪文化的分布有一定的范围。据目前所知，该文化遗存地域性很强，其分布范围仅限于青海柴达木盆地及其周边地区，并以盆地的东南部遗址较多，分布也较为密集。发现遗址共计39处，其中格尔木市2处，德令哈市和乌兰县15处，天峻县3处，都兰县19处。经过正式发掘的只有诺木洪塔里他里哈遗址一处。

关于诺木洪文化的相对年代，因诺木洪塔里他里哈遗址地层堆积一般约5米左右，最厚处可达9米，可分为7个文化堆积层，但没有别的文化遗存与它有打破或叠压的关系，从遗址本身找不出与其他文化间相对年代的答案。不过，我们从诺木洪塔里他里哈遗址出土的陶、铜、石器等方面分析，它的相对年代在青海古文化序列中应晚于齐家文化和卡约文化。在诺木洪塔里他里哈遗址发掘时采了两件标本，经碳-14年代测定，分别为公元前2195—前1935年（标本为木柱），公元前1000—前800年（标本为毛布）。从考古学角度考虑，诺木洪文化不会早到殷周以前。故木柱标本测定的年代数据似嫌过早。这数据当有误差，可摒弃不用。毛布标本测定的年代数据，比较接近实际年代，说明诺木洪文化的年代在西周范围内，但其延续的时间比较长，它的下限可能到战国或汉代以前。这个估计是比较合理的。因为在诺木洪塔里他里哈遗址还发掘到铜制的斧、刀、钺、镞和木制的车毂（车轮中心的圆木）等，这些器物标志着它的年代不会太早。

经济形态与生活习俗

诺木洪文化的聚落遗址较大，有的遗址范围达5万多平方米。由大小不等的沙土包组成，由三四个沙土包围成一圈，中间形成一个空间，作为人们活动的场所。在聚落内有土坯围墙、房址、土坯坑、圈栏等建筑遗迹和瓮棺葬等。

土坯围墙建筑发现9座，皆用土坯垒砌。土坯之间用炭灰加少量白灰的混合土作为黏合料，使土坯贴实而牢固。土坯围墙的形制分为椭圆形和长方形两种，每一个单元都是两个围墙相连在一起的，作东西或南北排列。每个围墙内的面积约300～400平方米。第1号土坯围墙，由一个圆形和不规整圆形的围墙连接成一个单元，作东西排列，东围墙南面设一门道，略呈方形，西围墙圈范围较小，在墙内东北部尚残留有居住面和柱洞等遗迹。说明这是一处住房的院墙。围墙的土坯都是以黄土为原料，其间夹杂有少量的炭灰和白灰。土坯一般呈长方形，长约38～48厘米，宽为25～38厘米，厚为7～8厘米。

房址共发现11座，按其形制可分为方形和圆形两种。四壁用土坯垒砌成矮墙，表面抹一层泥土，使墙面光滑平整，一般都留有木柱或柱洞痕迹。第9号房址平面略呈方形，边长4.18米，门朝南，西北部有一个套间，地面亦用土坯铺砌。房址四边分布有数目不等的木柱，共30根，在房内偏东设有一圆形灶坑，直径75厘米。房子都属于土木结构建筑，在木柱上均发现有圆形、方形的榫卯结构，这种房屋建筑是诺木洪文化居民采用的一种建筑形式。土坯坑共9个，多分布在房子的周围，土坑的周壁及底部都是用土坯砌成的，在土坯上抹一层泥浆。坑平面有圆形、椭圆形和长方形三种，一般口径大于底径，这种土坯坑和其他史前文化遗址中常见的窖穴功能是相同的。

木构圈栏建筑一座，平面略呈卵圆形，长径7.3米，北部有一出入口，圈栏周壁分布有木柱20根，并设置用横木和树枝做成的篱笆墙，残存长达4.2米。在圈栏内灰土的地面上发现大量的羊粪堆积，其间还夹杂有牛、马、骆驼等牲畜的粪便。在圈栏南边有一对野牛角，在出入口外，又发现两个车毂。从圈栏内出土的遗迹和遗物分析，此处是饲养家畜用的圈栏建筑遗存。

诺木洪文化居民的经济生活是采取多种经营方式，既从事农业和畜牧业，又进行狩猎和制陶业、冶铜业、纺织业等多种生产活动。出土的各种不同质料生产工具共730件。石器类有斧、锛、锤、凿、刀、镞、杵、磨盘、纺轮和弹丸等；骨器类有耜（像铲的古代农具）、凿、刀、镞、锥、针、梳和纺轮等；铜器类有斧、刀、钺、镞；还有陶纺轮和木纺轮等。作为农业生产工具的骨耜、石斧和石刀，出土数量相当可观，共计114件。穿鋬

（孔）可装柄使用的骨耜是很好的翻土工具，其生产效率明显要高于不带柄的工具。在遗址中发现麦类遗存，可知麦类是诺木洪文化居民种植的农作物。当时饲养羊、牛、马、骆驼等牲畜，并以羊为主。遗址中还发现石镞、骨镞和石弹丸等狩猎武器，说明居民也进行狩猎活动。

石斧

青铜时代诺木洪文化
海西州都兰县诺木洪出土

制陶业是一种家内手工业，生产生活中所必需的陶器皿。出土的陶器可分为夹砂灰陶和红褐陶两种，以前者为主，陶土中掺和有沙粒，比较粗糙，均为手制。陶表面一般素面无纹，也有装饰纹饰的。主要纹饰有压印纹、篮纹、锥刺纹、附加堆纹、弦纹、圆圈纹和彩绘等，以压印纹数量最多。纹饰也较多样，有圆点、三角形、人字形、波浪形、斜平行线等不同形式。篮纹作横行排列。附加堆纹多作条带形，其上压印有锯齿和圆点纹。锥刺纹主要在罐口外侧锥刺一周刺点纹。彩陶发现较少，往往在器表和口沿内侧施灰黑色或红色陶衣，少数施灰白色陶衣。彩陶色彩较浓稠，纹样比较简单。陶器的器类以罐为常见，可分为大口罐、单耳罐、双耳罐、四耳罐、小口罐等多种。除罐外还有圈足碗、侈口盆、四钮盆、单耳盆、缸和双耳瓮等，其中四耳罐、四钮双耳缸、四钮盆和单耳盆等是颇具特色的器物（图二十七，1～9）。

双大耳罐

青铜时代诺木洪文化
海西州都兰县诺木洪出土

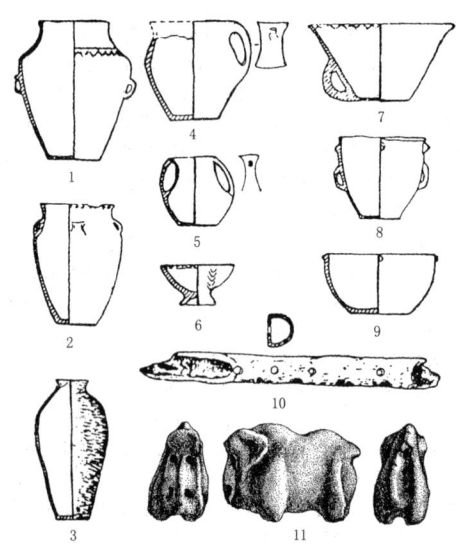

图二十七　诺木洪文化陶器与骨器

1.陶瓮　2.四耳陶罐　3.陶瓶　4.单耳陶罐　5.双大耳陶罐
6.圈足陶碗　7.单耳陶杯　8.陶缸　9.陶盆　10.骨笛　11.陶牦牛
（均为青海都兰诺木洪塔里他里哈遗址出土）

陶牦牛

青铜时代诺木洪文化
海西州都兰县诺木洪出土

冶铜业发达，发现有铜斧、刀、钺、镞和铜渣以及炼铜用具的残片。铜斧呈长方形，顶端有椭圆形銎，銎内尚存在残木柄，斧身有一圈乳丁纹。刀有带柄的内弧刃刀和刃尖上翘的外弧刃刀两种。镞平面呈柳叶形，中间有隆起的脊棱，有的铤部为圆筒形。钺略呈马蹄形，顶端有椭圆形銎，钺面有五个排列整齐的圆孔，孔周缘及其下侧作凸起的棱脊线。铜钺的形制与湟中潘家梁遗址出土的铜钺相似。这些铜器均系铸造，做工精巧，反映了当时冶铜业已发展到较高的水平（图二十八）。

遗址中出土有纺织工具，如石纺轮、骨纺轮和骨针、骨锥等，其中仅骨针和骨锥两项共出土493件，有骨针216件、骨锥277件。生产的品种有毛布、毛带、

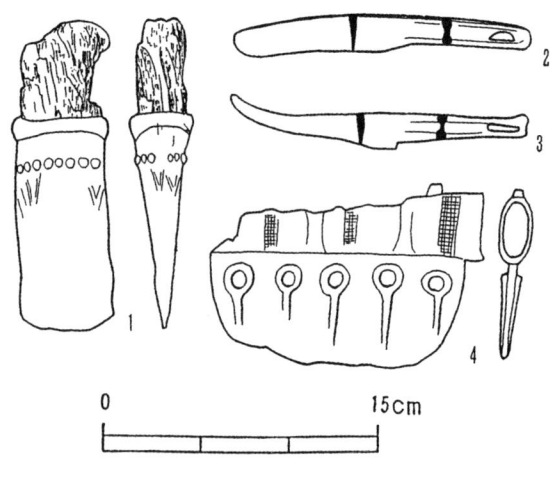

图二十八 塔里他里哈遗址出土的青铜器

1.斧 2、3.刀 4.钺

毛线和毛绳等。毛制品的原料主要是绵羊毛。毛线多经过染色,有黄、褐、红、蓝、灰黑等不同颜色,以黄、褐两色为主。毛布系采用人字形编织法和用经纬线交错编织法织成,多作黄、褐两色相间排列的条纹,幅度一般为25厘米。毛布呈色明快醒目。从染有不同颜色的毛布、毛线分析,当时已掌握了染色技术。毛绳和毛线是先把羊毛纺成单线,然后再用双股、三股的单线拧成,也有采用黄、褐两色单线拧成双股的。

在诺木洪塔里他里哈遗址还发现革履,原料是牛皮,将较厚的牛皮作鞋底,较薄的作鞋面。底和面的拼接，均先钻孔，后用皮条或皮带缝合，使整个鞋结实牢固。

彩色毛布片

青铜时代诺木洪文化
海西州都兰县诺木洪出土

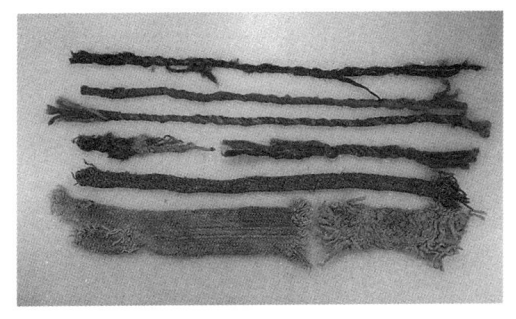

毛绳与毛织品

青铜时代诺木洪文化
海西州都兰县诺木洪出土

诺木洪文化遗存中，反映精神文化生活方面的实物资料比较少。在诺木洪塔里他里哈遗址清理瓮棺葬3座，均已遭破坏不完整。第3号墓墓坑保存上半部分。葬具原是由夹砂陶罐和陶缸套合在一起的。人骨架的上肢骨、胸肋骨、脊椎骨基本完好,头骨亦完整,系仰身直肢葬式,在头部还遗有赤铁矿红色粉末。墓主人为一儿童,不见随葬品。

出土的装饰品有椭圆形石饰品、穿孔玛瑙饰品、骨笄、骨管、穿孔牙饰和穿孔蛤蜊壳等不到10种,形制比较单调。

在遗址中发现一件陶塑牦牛,长头、双眼、长鼻,弓身垂腹,两脚作站立状,短尾,躯体肥胖,憨态可掬。它是不可多得的陶塑艺术珍品(图二十七,11)。

遗物中有骨笛和骨哨各一件。骨笛是用兽类肢骨制成,横截面呈马蹄形,两端均残,在残长8厘米的骨管上穿有音孔4个,孔径均为0.4厘米,孔距依次为1.2厘米、1.3厘米和2.7厘米(图二十七,10)。这种骨笛曾在湟中朱家寨(今属西宁)遗址卡约文化墓葬中发现过一件,残长15.4厘米,音孔8个,孔径也是0.4厘米,孔距0.8~1.9厘米不等。两件形制基本相同。骨哨也是用兽骨制成,圆管形,一端有一个椭圆形哨孔。骨笛和骨哨是最原始的吹奏乐器,并非单纯当作乐器来使用,而是兼作劳动工具的。

在诺木洪塔里他里哈遗址出土的毛绳中,有一些上面还发现了死结和活结。如在一条毛绳上连续有间隔地打了两个或三个或更多的结,在不同的毛绳上打结的数目和大小有差别。这种打结的含意,可能与我国古史传说中的结绳记事相同。

与其他文化的关系

在诺木洪文化分布范围内,目前尚未发现其他史前文化遗存,因此,要探讨诺木洪文化的来源及其与周边古文化的关系等问题,难度较大。现在只能借用东部与其附近的诸县市的考古资料,做些初步比较分析。

有的学者从诺木洪文化发现的陶器、石器和铜器等器物分析,认为它与卡约文化的关系比较密切,这不是没有道理的。我们认为它们之间最突出的共性表现在铜器方面。诺木洪塔里他里哈遗址出土的铜斧、刀、钺等形制与卡约文化的同类器是相同的。铜斧都作带銎的长方形,銎内均留有残木柄。铜刀都有带柄内刃刀和外刃刀。铜钺均带有弧刃,钺身穿孔,孔沿及其一侧有棱脊形装饰。这些铜器可以说是这两种文化共有的文化因素。

在陶器方面,诺木洪文化与卡约文化也存在一些共同点,如陶质都比较粗糙,都有少数的彩陶器,部分陶器的上半部及口沿内侧施红陶衣等。陶器皆以素面为主，少量陶器纹饰有绳纹、压印纹、附加堆纹等。器类都有四耳罐、双耳罐、单耳罐和侈口罐等。但应该看到差别仍是不小，最突出的是，卡约文化陶器以凹底器或类圈足器为主，而诺木洪文化以平底器为主。诺木洪文化特有的四钮盆、四钮双耳缸和底侧附耳盆等陶器器类不见于卡约文化。

诺木洪文化的内涵虽然与卡约文化有相同之处，但两者的区别是极为明显的。诺木洪文化有它自己的分布范围，有一批独具特征的器物群，所以把它单独命名为诺木洪文化是合适的。

诺木洪文化的遗存目前发现较少，我们知道以塔里他里哈遗址第六层、第七层为代表的早期遗存年代当在距今3000年以前。虽然属于早期的遗迹、遗物发现很少，但仍然可以看出这种文化遗存的一些独特风格，早期的陶器一般为红色夹砂陶质，器形简单，主要为碗、盆、双耳罐、小口瓶等器类。一般器表素面，或饰横篮纹、松针状压印纹等，还有部分彩陶、单一黑彩或红褐彩，纹样多为几何形条带纹。在晚期偏早阶段的第五层堆积时期出现了土坯建筑的围墙居址。我们注意到，在诺木洪文化这些早期和较早期的遗存中可以明显看出新疆东部某些青铜文化的因素和影响。土坯制作技术由中亚地区传入新疆东部地区的时间，大约是在距今3300年前后形成的焉不拉克墓地类遗存时期，或是年代稍早的雅林办墓地早期阶段。诺木洪文化早期遗存中的松针状压印纹装饰风格，在雅林办墓地早期遗存中时有发现。诺木洪文化早期遗存中的彩陶片，风格类似焉不拉克类遗存中彩陶的作风。另外，在诺木洪文化晚期阶段常见的各式毛布、毛带、革履等生活用具，在新疆东部各地点曾大量发现，特别是毛布以黄褐或红黄两色相间织成条纹布的制法，与新疆哈密五堡水库墓地和焉不拉克墓地发现的同类物品制作工艺完全相同。显然，上述这些相似或共同因素不是一些偶然的巧合，我们认为，诺木洪文化以土坯建筑为主的一些文化因素应该是来源于新疆东部地区的青铜文化遗存，同时，在其发展的晚期偏早阶段受到了向西发展的卡约文化的强烈影响，从诺木洪文化的部分陶器和铜器的形制特点中，我们可以看出这些影响作用的结果。

结束语

在我国考古学领域中,甘青地区占据相当重要的地位。这里,在古代是一个畜牧与农业经济并存区,经济、文化和民族传统都有自己的特点。这里,是一个多民族交错居住的地区,主要民族古代史籍或称其为"西戎",或称之"羌"。西戎是对起源于陕西西部至甘、青地区的一些祖源相同或相近的,从事畜牧或游牧的部落的统称,羌人是其中的一部分。河湟之间,在战国至汉代是羌人活动的中心地区。

羌人从来没有形成一个统一的部落联盟或国家,从《后汉书·西羌传》的记载来看,她很早以来就分为许许多多不同的种姓。这许许多多不同种姓的羌人,自然有的文化发展较早、较高,较强大;有的则发展很迟、较落后,很弱小。

考虑考古学文化的族属问题是比较复杂的。因为我们对考古学文化的认识是不断深化的,最初命名的一种考古学文化，随着新资料的增加、认识的深入，后来往往又被划分为若干种文化。这样的若干种文化，当然在其时代和文化特征上会存在相当程度的相似之处，但也可能根本不是属于一个文化系统的。

因此，要探讨甘青地区许多考古学文化的族属问题，首先应当把各种文化的源流搞清楚。半个世纪以来积累的资料，大大推进了对甘青地区文化源流的了解，使我们有可能对某些文化的族属问题，做进一步的推测。

关于甘青地区古代文化的发展序列，最初是由安特生在1925年发表的《甘青考古记》中提出来的。最初的意见是"齐家、半山、马厂、辛店、寺洼、沙井"六期说。后来，1945年夏鼐先生在甘肃宁定县的杨家湾发掘了两座齐家墓葬，把齐家的年代改订在半山之后。1953年以来，学界又把青海地区极为发达的一种卡约文化从寺洼文化中划分了出来。1956年，由黄河水库考古队在甘肃东乡族自治县的唐汪川又发现一种"唐汪式"遗存，它和辛店文化比较接近，安志敏先生曾认为它基本是辛店乙组之物。1957年，黄河水库考古队又在刘家峡水库区找到了辛店叠压在齐家之上的地层，不仅确定了齐家和辛店的早晚关系，而且动摇了过去认为辛店是从马厂发展而来的认识。此后又经过20年的工作，大体上可把甘青地区的原始文化，定为仰韶、石岭下、马家窑、半山、马厂、齐家这样一个序列。至迟从齐家开始，已进入青铜器时代、父系氏族制阶段，其绝对年代经过近年以来碳-14的测定，大致为公元前2250—2000年左右，即和中原的夏代大体相当而出现得略早。此后的辛店、唐汪和寺洼、卡约，则一般认为是辛店、唐汪较早，寺洼、卡约较晚。由于60年代甘肃省的同仁曾在平凉地区找到一种"安国式"陶器，这种遗存有寺洼文化中极富特征的那种马鞍形口的陶罐和西周时代的陶鬲共存，故可把寺洼以及与寺洼比较接近的卡约文化的年代，定在西周左右，从而就认为辛店、唐汪的年代当在商代左右。但是，近年在大通上孙家寨曾屡次找到唐汪墓打破卡约墓的地层关系。从器物形态特征来看，卡约、唐汪、辛店三种墓葬，随葬陶器都是以三种双耳罐为主。其中，卡约与唐汪陶器的形态，一望而知应是一种文化的前后不同阶段之物，而唐汪与辛店陶器关系之密切，已如上面所说，又是人们早就熟悉的。

在上孙家寨的卡约墓中，曾发现一件石锤，同样形状的石锤在北京昌平白浮的西周早期墓葬中出土过。据而推测那座卡约墓的年代相当于西周前期。

卡约文化很像是周初前后河、湟之间的一支独特文化，这支文化与齐家文化之间究竟有什么联系，现在还不清楚，但已经知道二者之间相距有好几百年。卡约文化是羌人遗存，搞清这几百年中河、湟之间的文化面貌，羌人（至少是河、湟之间的羌人）文化的来源，现在还只能从卡约文化讲起。

卡约、寺洼和安国式这三种文化遗存，都以一种双耳罐为其显著特征，它们尽管可以分为三种文化或类型，但其共同性却相当显著，显示出了它们之间在时代和族系上的共同性或接近处。20世纪40年代，夏鼐先生在甘肃临洮寺洼山的发掘中，发现那里的寺洼墓葬有火葬墓，而《墨子》《荀子》《吕氏春秋》等书又有关于氐、羌实行火葬的记述，从而提出了寺洼是氐羌文化的推测。现在，经过大量的工作，又证明卡约文化分布在湟水流域及其支流的广大地区，而以湟水中、上游为中心，最东达到甘肃的永靖一带。这就是《后汉书·西羌传》所讲的羌人聚居区。从这个地域范围来看，在公元前1000年左右，那里的主要居民只能是羌人而不可能是其他部落。把卡约文化推定为羌人遗存的意见无疑是正确的。

但如果对比寺洼和卡约文化，又会发现二者存在着相当的差别。不仅在陶器的形态上各有特点（如卡约中马鞍形口很少），而且其埋葬的习俗也存在着一定的差异。卡约之墓，不见火葬，最盛行的是一种仰身直肢葬，其次为骨架上身被扰动的葬式，有的则是骨架全部零乱。全部零乱的显然是一种二次葬，仅仅上身被扰乱的葬式也应是二次造成的。从这些差异看，寺洼和卡约应当是羌人不同种姓的遗存。如果从这些遗存的分布总范围来考虑，当然可以认为它们是商、周之际甘肃和青海羌人的遗存。

总之，把寺洼文化、卡约文化综合起来观察，它们相互之间的关联和各自具有的特征，说明它们都是羌人文化，但已经形成为几个明显的分支。其中有的文化发展程度很高，当已进入奴隶制阶段；有的则还没有出现阶级分化，仍停留在原始氏族制阶段。顺便指出，在大通上孙家寨的卡约墓葬中，有的妇女墓随葬的青铜饰物极为丰富，如M723的主人，身上竟佩有铜泡400余种；M1026的主人，身上也有铜泡及充作臂饰的长方形小铜牌50多件。这里已发掘了卡约文化墓葬六七百座，这两座墓的随葬品是最丰富的，并且墓主人都是女性，似乎反映出殷周之际居住在湟中地区的羌人，还保留着母权制，至少是母权制的残余还是较严重的。据《后汉书·西羌传》记载，直到东汉初，羌人烧何种的酋长"比铜钳"

就是女性。

辛店文化是1924年安特生于甘肃临洮的辛店首先发现的。1956年，黄河水库考古队又在甘肃东乡族自治县唐汪川发现一批与辛店文化相当接近的陶器，以后就出现了唐汪式陶器的名称。这两种遗存，近年来在青海的东部农业区也发现很多。如在大通的上孙家寨就发现了数百座唐汪墓葬；在民和县的核桃庄小旱地也发掘了一处辛店墓地。上孙家寨的唐汪墓，时代要晚于卡约墓，而随葬的陶器，主要的也是三种双耳罐，文化特征相当接近。民和发掘的辛店墓，也主要是随葬三种双耳罐，不过彩陶比较发达。这三种墓葬的葬式，除部分完整的仰身直肢葬外，都普遍流行一种上肢被扰乱的葬式。所以，无论从陶器或葬式来看，它们都有很密切的关系。

甘肃洮河流域的辛店文化，同湟水流域的辛店文化，有很大的共同性。最大的特征是，都流行红陶，多黑彩图案，流行双耳罐，彩陶的花纹也基本一样。所不同的是，甘肃永靖姬家川的辛店墓中所见的屈肢葬以及一种高领袋足的双耳鬲，在民和的辛店墓中是少见的。这种屈肢葬，早在马厂时期就已出现，并且盛行一时，例如甘肃地区马厂墓屈肢葬所占比例就很大；在青海乐都柳湾的马厂墓葬中，也有15%

的墓葬采取屈肢葬的葬式。可是在那个时候,黄河中、下游以及北方的诸文化中,都不见这种葬俗。由此可见,这种葬俗是发达于甘青地区的新石器时代至青铜时代的一种习俗。

马厂遗存后来发展为甘青地区洮河流域以西的齐家文化,经过这几年来的考古发掘和研究,已经是愈来愈明确的了。近年来,在大通等地的齐家文化墓中,又出现一种砍头式的乱骨葬,有的乱骨葬是把骨架分成好几层,这显然是卡约葬式的前身。从马厂文化到齐家文化陆续发展起来的屈肢、砍头、乱骨葬等葬式,不见于夏、商、周三族的文化,而是戎人、羌人所特有的。由此看来,把齐家、马厂,乃至上溯到半山、马家窑、石岭下文化,看作是羌人文明的前驱,是有道理的。

湟水一带唐汪时期的葬式,同卡约是一样的。但在辛店文化中,据民和发现的,有仰身直肢和乱骨葬,却不见屈肢葬。这同更东部的甘肃永靖等地的辛店墓是不一样的。如果从葬式的变化过程来看,似可认为屈肢葬和乱骨葬本来都是起源于甘青地区原始文化的一种葬俗,但到辛店文化时期,在这两个不同的地区,葬式发生了分化,产生了地区性。这种地区性,显然应当和其墓主种姓的地区性是有关的。

在湟水一带的辛店、唐汪文化，按其地望来说，显然还是羌人的遗存。

要说明这个推测，首先还是从屈肢葬说起。

周人的葬俗，本是仰身直肢葬。所有西周墓葬，几乎都是仰身直肢葬。但是从平王东迁以后，河南、山西、河北等地的春秋墓葬，突然一变旧俗，极为盛行跽曲得不太厉害的屈肢葬，只是到了战国时期，特别是战国中期以后，仰身直肢葬的比例才又慢慢增大，重新多于屈肢葬。看一看西周以来周人文化系统的葬式，就知道那种屈肢葬肯定是受外来因素的影响才发生的。放在当时历史变化的环境中考虑，屈肢葬本是起源于甘青地区的葬俗，那么，这自然是受到西北地区影响的结果。

能够更加清楚地说明辛店文化是西戎文化之一的根据，还在于它跟秦人的文化有很大的相似处。秦文化是起源于甘肃东部的。《史记·秦本纪》讲秦的祖先中潏在殷代时就"在西戎，保西垂"。《史记·秦本纪》又讲，在周穆王时，秦的"造父"曾被封于"赵"，在今晋南的洪洞县一带。但到了周孝王时代，"非子"又"主马于汧、渭之间"，即活动在今陕西、甘肃交界处。秦人（至少其主体）是西戎的一支，应当是没有问题的。

秦国的文化,最迟从西周晚期以后,也许就从西周中期穆王时的"造父"开始,就受到了周文化的强烈影响,但秦人在很长时间内仍保留了她自身的文化特征。这种特征,至少有三点是很突出的:

一是盛行蹲曲特甚的屈肢葬,蹲曲程度就跟甘肃永靖的辛店墓一样。据现有发现,最迟从春秋时起,秦人的墓葬主要是这种屈肢葬,一直到秦始皇时期。这几乎成为区别秦人墓与其他各春秋战国墓的重要特征。甚至一直到汉初,一些秦人后裔的墓,还是采用屈肢葬,不过蹲曲程度慢慢减弱,大概到汉武帝以后,这种屈肢葬现象才基本消失。秦人墓和永靖的辛店墓既都流行极为相似的屈肢葬,正表明了族源上的密切关系,即都是戎人的一支。

二是秦人在其根据地,即汧、渭之间的宝鸡和甘肃东部一带,直到战国时代还使用一种双耳高领袋足鬲,其特征是足端扁平,过去苏秉琦先生叫作"铲形袋足鬲"。这种"铲形袋足鬲",也是辛店文化陶鬲中所特有的,而周文化本身的陶鬲,足端则是尖的,二者即使其他外形相似,足尖的形态却明显地不同。顺便介绍一个情况,近来在宝鸡地区也找到极其类似辛店文化的一种陶器。虽然在原生地层或墓葬中未找到,但至少可知所谓类似辛店的文化圈,最东可达宝鸡。还要介绍一件宝鸡出土的直领袋足鬲,粗略一看简直和岐山、扶风的周原地区以及宝鸡斗鸡台瓦鬲墓中那种太王至文王时代的陶鬲一样,但仔细观察,绳纹很细,而且袋足之尖是扁平的,即"铲形袋足鬲",充分表明这种遗存同卡约、寺洼、安国式、唐汪式、辛店这个系统的文化,存在着密切的亲缘关系。双耳、高领、袋足乃至铲状足端的陶鬲,同"周式鬲"是不同的,按其所属文化的主要族属性质来说,可称之为"戎式鬲"。东周时期,秦人主要使用虽有自身特点但极为接近于"周式鬲"系统的陶鬲,宝鸡斗鸡台等地战国秦墓中出现的"戎式"双耳铲形袋足鬲,应视为受到相邻戎人文化影响的结果;西安半坡等地出土的战国秦鬲,有的足端作扁平铲状,也是受到"戎式鬲"影响的产物。秦人不断使用具有"戎式鬲"作风的陶鬲,至少暗示了秦人和戎人的长期密切关系,而这是以历史上的亲缘关系为基础的。

三是洞室墓。在黄河中、下游,仰韶、龙山、二里头、二里岗以及殷墟、周原等地的商、周文化,都没有洞室墓的传统,而是一种竖穴土坑墓。但洞室墓在甘青地区起源很早,它初见于马厂类型时期,最迟到卡约文化时已很流行。在陕西地区,东周的秦墓也流行洞室墓。那些秦墓,除了竖穴墓以外,横穴和竖穴的洞室墓都很多,这显然同羌戎系统的文化有联系,说明了秦人的文化传统,同羌人是有特殊关系的。这种洞室墓,在河南等地,则要到战国中期以后才逐渐出现并流行,显然是从秦人那里传去的。所以,秦人流行洞室墓,又说明了她和羌戎文化关系的密切。

总之,屈肢葬、铲形足端的鬲、洞室墓这三个文化因素都是源自羌戎的,而屈肢葬和洞室墓后来又影响到中原。

上述结论是已故著名考古学家俞伟超先生20世纪80年代在青海考察时所作出的,将其主要论点置于本书的结束语中,一是为了表达青海考古工作者对这位伟大学者学术上的尊重;二是作为对其在青海考古学上所作巨大贡献的一种难以忘却的纪念。

附录

青海史前文化碳-14年代表

实验室编号测定物质	遗址名称	¹⁴C年代（距今，5730）（公元/公元前）	¹⁴C年代（距今，5568）（公元/公元前）	树轮校正年代（高精度表）（公元/公元前）	文化性质出土层位
BK77013 棺木	大通上孙家寨	4450±90 BC2500	4320±90 BC2370	BC3037~2788	马家窑类型 M375
BK75033 棺木	乐都柳湾	4040±100 BC2090	3930±100 BC1980	BC2577~2300	半山类型 M284
ZK0345 棺木	乐都柳湾	3865±120 BC1915	3760±120 BC1810	BC2453~2030	马厂类型 M505
BK75017 木炭	永登蒋家坪	3680±90 BC1730	3580±90 BC1630	BC2114~1780	马厂类型 T45③
ZK0346 棺木	乐都柳湾	3665±80 BC1715	3560±80 BC1610	BC2032~1777	马厂类型 M397
ZK0348 棺木	乐都柳湾	3970±240 BC2020	3860±240 BC1910	BC2855~1979	马厂类型 M391
BK75009 棺木	乐都柳湾	3860±90 BC1910	3750±90 BC1800	BC2317~2037	马厂类型 M281

续表

实验室编号测定物质	遗址名称	¹⁴C年代（距今，5730）（公元/公元前）	¹⁴C年代（距今，5568）（公元/公元前）	树轮校正年代（高精度表）（公元/公元前）	文化性质出土层位
BK75012 棺木	乐都柳湾	3750±100 BC1800	3640±100 BC1690	BC2182~1890	马厂类型 M236
BK75010 棺木	乐都柳湾	3840±90 BC1890	3730±90 BC1780	BC2289~2031	马厂类型 M266
ZK0347 棺木	乐都柳湾	3570±140 BC1620	3470±140 BC1520	BC1970~1630	齐家文化 M392
BK77055 棺木	贵南加土乎	3020±90 BC1070	2390±90 BC980	BC1300~1003	卡约文化 T4③
ZK1325 棺木	贵南达玉口	2795±75 BC845	2720±75 BC770	BC927~810	卡约文化 M38
ZK1326 棺木	贵南官塘	3070±75 BC1120	2980±75 BC1030	BC1379~1095	卡约文化 M48
ZK1105 木头	贵德山坪台	2715±70 BC765	2640±70 BC690	BC891~791	卡约文化 M19
ZK1107 木头	贵德山坪台	2690±60 BC740	2610±60 BC660	BC828~788	卡约文化 M44
ZK1327 人骨	湟中潘家梁	2740±105 BC790	2660±105 BC710	BC968~790	卡约文化 M78
BK81026 木炭	循化阿哈特拉	3320±80 BC1370	3230±80 BC1280	BC1615~1427	卡约文化 M12
BK81027 木炭	循化阿哈特拉	3550±80 BC1600	3450±80 BC1500	BC1886~1681	卡约文化 M207
BK81028 木炭	循化阿哈特拉	2710±100 BC760	2630±100 BC680	BC896~663	卡约文化 M158

续表

实验室编号测定物质	遗址名称	^{14}C 年代（距今，5730）（公元/公元前）	^{14}C 年代（距今，5568）（公元/公元前）	树轮校正年代（高精度表）（公元/公元前）	文化性质出土层位
ZK1323 棺木	湟源大华	1835±80 AD115	1780±80 AD170	AD130~377	卡约文化
BK84106 木炭	永靖马路塬	3170±95 BC1220	3080±95 BCI130	BC1442~1228	辛店文化 H9
BK77014 棺木	大通上孙家寨	2940±90 BC990	2860±90 BC910	BC1211~915	辛店文化 M333
BK80011 木板	大通上孙家寨	2580±80 BC630	2510±80 BC560	BC796~432	辛店文化 M979
BK80012 木板	大通上孙家寨	2500±80 BC550	2430±80 BC480	BC766~402	辛店文化 M989
BK80013 木板	大通上孙家寨	2655±80 BC705	2580±80 BC630	BC825~595	辛店文化 M1042
BK80014 木炭	大通上孙家寨	3020±80 BC1070	2930±80 BC980	BC1266~1008	辛店文化 M1046
BK81030 木炭	循化阿哈特拉	2940±100 BC990	2860±100 BC910	BC1253~910	辛店文化 M256
ZK0061 木柱	都兰诺木洪	3775±90 BC1825	3670±90 BC1720	BC2195~1935	诺木洪文化
ZK0062 毛布	都兰诺木洪	2795±115 BC845	2720±115 BC770	BC1000~800	诺木洪文化

主要参考文献

1. 童恩正：《中国西南的旧石器时代文化》，见《中国西南民族考古论文集》，广州：文物出版社，1990年。

2. 张森水：《西藏定日新发现的旧石器》，见《珠穆朗玛峰地区科学考察报告（1966—1968）——第四纪地质》，北京：科学出版社，1976年。

3. 中国社会科学院考古研究所：《师赵村与西山坪》，北京：中国大百科全书出版社，1999年。

4. 格桑本、陈洪海主编：《宗日遗址文物精粹及论述选集》，四川：四川科学技术出版社，1999年。

5. 张学正、张朋川、郭德勇：《谈马家窑、半山、马厂类型的分期和相互关系》，见《中国考古学会第一次年会论文集》，广州：文物出版社，1979年。

6. 裴文中：《裴文中史前考古论文集》，广州：文物出版社，1987年。

7. 青海省文物管理处考古队、中国社会科学院考古研究所：《青海柳湾》，广州：文物出版社，1984年。

8. 青海省文物考古研究所：《民和阳山》，广州：文物出版社，1990年。

9. 李水城：《半山与马厂彩陶研究》，北京：北京大学出版社，1998年。

10. 陈雍：《关于半山文化和马厂文化关系的过论》，见《考古学文化论集》（三），广州：文物出版社，1993年。

11. 苏秉琦主编：《中国通史·远古时代》，上海：上海人民出版社，1994年。

12. 严文明：《纪念仰韶村遗址发现六十五周年》，见《仰韶文化研究》，广州：文物出版社，1989年。

13. 陈洪海：《关于宗日文化》，见《宗日遗址文物精粹论述选集》，四川：四川科学出版社，1999年。

14. 张忠培：《中国父系氏族制发展阶段的考古学考察——对含男性居本位的合葬墓的墓地的若干分析》，见《中国北方考古文集》，广州：文物出版社，1990年。

15. 水涛：《甘青地区青铜时代的文化结构和经济形态研究》，见《中国西北地区青铜时代考古论文集》，北京：科学出版社，2001年。

16. 王国道：《化隆县西北村卡约文化墓地》，《中国考古学年鉴（1991）》，广州：文物出版社，1992年。

17. 吴平：《李家峡水电站工程砂料区卡约文化遗址》，

《中国考古学年鉴（1992）》，广州：文物出版社，1994年。

18. 谢端琚：《略论辛店文化》，《文物资料丛刊》（9），广州：文物出版社，1985年。

19. 张学正等：《辛店文化研究》，见《考古学文化论集》（三），广州：文物出版社，1993年。

20. 科浦等：《鄂温克人的原始社会形态》，北京：中华书局，1962年。

21. 格桑本主编：《中国文物地图集·青海分册》，北京：中国地图出版社，1996年。

22. 谢端琚：《甘青地区史前考古》，广州：文物出版社，2002年。

23. 黄慰文、陈克造、袁宝印：《青海小柴达木湖的旧石器》，见《中国－澳大利亚第四纪学术讨论会论文集》，北京：科学出版社，1987年。

24. 邱中郎：《青藏高原旧石器的发现》，《古脊椎动物学报》1958年第2卷第2~3期。

25. 索郎旺堆：《西藏考古新发现综述》，《南方民族考古》1991年第4期。

26. 刘泽纯、王富葆、蒋赞初、秦浩、吴建民：《西藏高原多格则与扎布地点的旧石器——兼论高原古环境对石器文化分布的影响》，《考古》1986年第4期。

27. 杨存睿：《青海盐湖研究所胡东生、山发寿在可可西里乌拉湖发现旧石器》,《青海日报》1994年7月15日。

28. 盖培、王国道:《黄河上游拉乙亥中石器时代遗址发掘报告》,《人类学学报》1983年第2卷第1期。

29. 李永宪:《略论西藏的细石器遗存》,《西藏研究》1992年第1期。

30. 青海省文物考古队:《青海大通县上孙家寨出土的舞蹈纹彩陶盆》,《文物》1978年第3期。

31. 青海省考古队:《青海民和核桃庄马家窑类型第一号墓葬》,《文物》1979年第9期。

32. 青海省文物考古队:《青海民和阳洼坡遗址试掘简报》,《考古》1984年第1期。

33. 中国社会科学院考古研究所甘青工作队:《甘肃武山傅家门史前文化遗址发掘简报》,《考古》1995年第4期。

34. 安特生著,乐森璕译:《甘肃考古记》,《地质专报》甲种第五号,农商部地质调查所印行,1925年。

35. 青海省文物考古研究所:《青海循化苏呼撒墓地》,《考古学报》1994年第4期。

36. 陈洪海、格桑本、李国林:《试论宗日遗址的文化性质》,《考古》1998年第5期。

37. 青海省文物处、海南州民族博物馆:《青海同德县宗日遗址发掘简报》,《考古》1998年第5期。

38. 青海省文物考古队:《青海互助土族自治县总寨马

厂、齐家、辛店文化墓葬》,《考古》1968年第4期。

39. 马兰等:《大通县黄家寨、杨家湾墓地发掘简报》,《青海文物》1989年第2期。

40. 谢端琚:《试论齐家文化与陕西龙山文化的关系》,《文物》1979年第10期。

41. 胡廉盈:《试论齐家文化的不同类型及其源流》,《考古与文物》1980年第3期。

42. 张忠培:《齐家文化研究》,《考古学报》1987年第1期、第2期。

43. 胡谦盈:《陇东镇原常山遗址发掘简报》,《考古》1981年第3期。

44. 钟侃:《宁夏固原店河齐家文化墓地清理简报》,《考古》1987年第8期。

45. 宁夏回族自治区展览馆:《宁夏固原海家湾齐家文化墓地》,《考古》1973年第5期。

46. 宁夏考古所:《宁夏海原县菜园村遗址切刀把墓地》,《考古学报》1989年第4期。

47. 苏生秀、陈洪海:《青海民和核桃庄山家头墓葬清理简报》,《文物》1992年第11期。

48. 安志敏:《甘肃远古文化及其有关的几个问题》,《考古通讯》1956年第6期。

49. 安志敏:《青海的古代文化》,《考古》1959年第7期。

50. 吴平：《海南藏族自治州境内发现晚期墓》，《青海文物》1989 年第 3 期。

51. 青海省文物考古研究所等：《青海贵德山坪台卡约文化墓地》，《考古学报》1987 年第 2 期。

52. 青海省文物考古研究所：《青海湟中下西河潘家梁卡约文化墓地》，《考古学集刊》1994 年第 8 期。

53. 青海省文物考古研究所等：《青海湟源大华中庄卡约文化墓地发掘简报》，《考古与文物》1985 年第 5 期。

54. 青海省文物考古研究所：《同仁县考古调查简报》《尖扎县考古调查简报》，《青海文物》1990 年第 4 期。

55. 海南民族博物馆等：《贵南、同德两县考古调查简报》，《青海文物》1990 年第 4 期。

56，青海省文物考古研究所：《青海化隆县半主洼卡约文化墓葬发掘简报》，《考古》1996 年第 8 期。

57. 王武：《青海刚察县卡约文化墓地》，《青海文物》1990 年第 4 期。

58. 刘宝山：《青海化隆县上半主洼卡约文化墓地第二次发掘简报》，《青海文物》1995 年第 9 期。

59. 突旭耀：《化隆县下半主洼卡约文化墓地发掘简报》，《青海文物》1994 年第 8 期。

60. 中国社科院考古所甘肃队：《甘肃永靖张家嘴与姬家川遗址的发掘》，《考古学报》1980 年 2 期。

61. 中科院考古所青海队等：《青海都兰县诺木洪塔里他里哈遗址调查与试掘》，《考古学报》1963年第1期。

62. 青海省文物管理处：《青海民和核桃庄小旱地墓地发掘简报》，《考古与文物》1995年第2期。

63. 青海省文物管理处：《青海民和核桃庄山家头墓地清理简报》，《文物》1992年第1期。

64. 高东陆、吴平：《青海境内发现的石棺墓》，《青海考古学会会刊》1984年第6期。

65. 李国林：《我省首次发现彩陶靴》，《青海文物》1989年第2期。

66. 吴汝祚：《甘肃地区原始文化概貌及其相互关系》，《考古》1961年第1期。

67. 青海省文物管理委员会：《青海柴达木盆地诺木洪、巴隆和香日德文化遗址调查简报》，《文物》1960年第6期。

68. 青海省文物管理委员会、中国科学院考古研究所青海队：《青海都兰县诺木洪塔里他里哈遗址调查与试掘》，《考古学报》1963年第1期。

后记

本书依据新中国成立以来田野报告调查和发掘的大量实物资料和研究成果,对青海史前的历史进行了粗浅的描述。早在旧石器时代,青海境内可可西里的三岔口和乌拉湖以及柴达木盆地的小柴旦湖等地点,即有人类活动。中石器时代,随着共和盆地中部距今6700年拉乙亥遗址的发现和发掘,对于探讨青海乃至整个青藏高原石器时代文化发展史具有重要意义。在青藏铁路沿线昆仑山口垭口处调查发现的纳赤台地点和三岔口东等细石器地点,进一步补充了中石器时代的考古资料。考古发现与研究证明,青藏铁路沿格尔木河至昆仑河一线是内地通往西藏的交通要道,也是一条重要的早期人类文明的传播路线。

新石器时代早期的化隆县安达其哈遗址、民和县阳洼坡遗址的发现,进一步扩大了仰韶文化庙底沟类型西进的分布范围，对于研究仰韶文化与马家窑文化两者之间的关系及中原地区仰韶文化与青海东部的文化交流都有着非常重要的学术价值。大通上孙家寨马家窑类型墓葬中，出土了举世闻名的舞蹈纹彩陶盆；民和核桃庄马家窑类型墓葬中，出土了异常精美的彩陶器。青海境内，经发掘属于半山、马厂类型的有乐都柳湾墓地、民和马厂墓地、民和阳山墓地、互助总寨墓地等，资料尤为丰富。宗日遗址作为近年来中国新石器时代考古为数不多的重大发现之一，引起学术界的极大重视，并被命名为宗日文化。

卡约文化是青海地区青铜文化中继齐家文化之后分布广泛的极为重要的土著文化。上孙家寨早期墓地、循化阿哈特拉墓地及苏只墓地、贵德山坪台墓地、湟源大华中庄墓地等，墓葬数量多，延续时间长，出有各类青铜器众多。青铜时代的辛店文化在青海最为典型的是民和小旱地墓地，甲、乙组都有。此外，在大通上孙家寨、循化苏只也都发现过"唐汪式陶器"，对于探讨卡约文化与辛店文化的关系提供了重要资料。青铜时代的诺木洪文化近年来又有新的发掘，随着发掘的深入，相信一定会有重要的发现。

承蒙青海省地方志编纂委员会办公室的厚爱，作者在2005年出版的《史前时期的青海》的基础上，广泛吸收最新考古文化成果,形成了《史前青海》这一拙著。作为《走进青海历史文化丛书》的有机组成部分,《史前青海》同时是新中国成立以来青海文物考古工作成绩的一个方面的反映,也是青海省几代文物考古工作者科研成果的一次集中体现。在此,向为青海考古工作作出特殊贡献的考古工作者赵生琛、高东陆、卢耀光、谢端琚、赵信、刘万云、张学正、俞伟超、李伯谦、吴汝祚、苏生秀等表示深深的敬意。本书文物摄影由贾鸿建先生提供。

许新国

2022 年 7 月